AF751163

www.ingramcontent.com/pod-product-compliance
Lightning Source LLC
LaVergne TN
LVHW051112051026
849532LV00004BB/1520
* 9 7 8 9 3 6 9 0 8 8 1 0 2 *

انتخابِ غزلیات

(حصہ اول)

میر عثمان علی خان

Intikhaab Ghazliaat : Part-1

by: Mir Osman Ali Khan

Edition: July '2025

Publisher :

Taemeer Publications LLC (Michigan, USA / Hyderabad, India)

ISBN 978-93-6908-810-2

کتاب	:	**انتخابِ غزلیات** (حصہ اول)
مصنف	:	**میر عثمان علی خان**
صنف	:	شاعری
ناشر	:	تعمیر پبلی کیشنز (حیدرآباد، انڈیا)
سالِ اشاعت	:	۲۰۲۵ء
صفحات	:	۱۱۶
سرورق ڈیزائن	:	تعمیر ویب ڈیزائن

غزلیاتِ اُردو

آئی بہار زخمِ جگر پھر ہرا ہوا	۳۰	چھایا ہے ابر آیا ہے موسم بہار کا	۴۱
ایک بھی کوچۂ جاناں سے نہ شاداں نکلا	۳۱	حسرتوں کا مرے سینہ میں دفینہ نکلا	۴۲
باغوں میں اگر گلگشت نہیں ہے تو کیا ہوا	۳۲	خوب رو کرتے ہیں انداز سے مائل اپنا	۴۳
بلا مطلب یہ جینے کی ہوس کیا	۳۳	درپر سرِ نیاز کسی کے جھکا نہ تھا	۴۴
بہارِ گُل میں جو گرداں خُمِ شراب ہوا	۳۴	دل سے نظارہ کا ارمان نکلنے نہ دیا	۴۵
پھر صدمۂ فراق کا دِل پر اثر ہوا	۳۵	دستِ قاتل میں اُدھر خنجر چمک کر رہ گیا	۴۶
تجھے تو کھیل ہے آمادۂ جفا ہونا	۳۶	دل کی نہ پُوچھ بات وہ دُکھ پا کے رہ گیا	۴۷
جبتک وہ فاتحہ کو بُلایا نہ جائے گا	۳۷	دلِ وحشی یہ تجھ کو ہو گیا کیا	۴۸
جب سے تیرے چمنِ حُسن کو جاناں دیکھا	۳۸	رقیبوں کا تمہاری انجمن سے دُور ہو جانا	۴۹
جگر میں سُوز ہے لب پر نہیں فُغاں پیدا	۳۹	ساقی کے تصوّر میں یوں مست رہا کرنا	۵۰
جوشِ گریہ پہ اگر دیدۂ حیراں آیا	۴۰	طبیعت آئی کیا اپنی قیامت کا عذاب آیا	۵۱

عشق نے سوزِ دُروں از بس نمایاں کر دیا	۵۲	مرا سینہ ہے مطلعِ آفتابِ نورِ عرفاں کا	۶۳
علیؑ کی معنوی پیغمبری سمجھا تو میں سمجھا	۵۳	مے بھی تھی مینا بھی تھا اور ساقیٔ میخانہ تھا	۶۴
غیروں سے ارتباط بڑھا ہم سے کم ہوا	۵۴	مے پرستی جو کام ہے میرا	۶۵
فرقت میں ہم نے چشم کو خونبار کر دیا	۵۵	میکدہ میں ہر قدم رندانہ تھا	۶۶
قتل کا مقتل میں ساماں ہوتے ہوتے رہ گیا	۵۶	میں چشمِ یار دیکھ کے بیمار ہو گیا	۶۷
کام تو نے یہ عجب غیرتِ شمشاد کیا	۵۷	میں نے چاہا تھا کہ مر جاؤں تو مرنے نہ دیا	۶۸
کہتی ہے فصلِ گُل کہ مزہ ہے شراب کا	۵۸	نام کیا خاک ہو جل جانے سے پروانے کا	۶۹
کیا کیا نہ لطف میری شبِ جانگزا میں تھا	۵۹	نہ شیفتہ دلِ ناداں ہو گلعذاروں کا	۷۰
کیا ہے مجھ کو نشانہ جو کج نگاہی کا	۶۰	نہ ہوگا عمر بھر جوشِ دلِ پُر درد کم میرا	۷۱
گُل ترے عشق میں ہیں چاک گریباں کیا کیا	۶۱	وجہِ عشرت جامِ صہبا ہو گیا	۷۲
لبِ جاں بخش کا اعجازِ مسیحا دیکھا	۶۲	وہ پاس تھے تو مرا حال یوں خراب نہ تھا	۷۳

ہماری بات پہ ہر دم تجھے حجاب رہا	۷۴	گئی بہار کب آئی خزاں نہیں معلوم	۸۵
یہ اگر آئینہ صورتِ جاناں ہوتا	۷۵	رُوئے بیٹھے ہیں اب اپنے دلِ ناکام کو ہم	۸۶
یہ کیا معنی کہ اک اک بات پر بیزار ہو جانا	۷۶	اثر پیدا ہوا کس کی فُغاں میں	۸۷
پھر آتشِ دُروں مری شُعلہ نوا ہے آج	۷۷	پھول ہے ایسا شگفتہ جو گُلستاں میں نہیں	۸۸
نالوں نے ایسی دُھوم مچائی تمام رات	۷۸	ترنم سنج ہے بُلبل ہمارے لب پہ نالے ہیں	۸۹
آیا ہے گُل کا رنگ بھی رُوئے صبا پہ آج	۷۹	تری نظر سے ترا مدعا سمجھتے ہیں	۹۰
کل خزاں ہوگی گو بہار ہے آج	۸۰	تڑپنا لوٹنا آتا نہیں مُجھ کو وہ بسمل ہوں	۹۱
ابرِ گریاں نہیں ہے اشکباری دیکھ کر	۸۱	جلوے عجب بہار میں سرو سمن کے ہیں	۹۲
عشق کرنا ہے تو گریہ میں اثر پیدا کر	۸۲	جو پھر رہا ہے کوئی گلعذار آنکھوں میں	۹۳
نہ ہر دم وارِ ظلم ہم پہ تو کر	۸۳	رُخِ روشن کا ہے جواب کہاں	۹۴
فتنے ہوئے ہیں خواب سے بیدار آج کل	۸۴	رسا اس قدر میرے نالے ہوئے ہیں	۹۵

سر جھکائے ہوئے ہو مجلس میں	۹۶	مئے گلرنگ کی ہے جلوہ گری شیشے میں	۱۰۷
سوزِ دل سے صفتِ سروِ چراغاں ہم ہیں	۹۷	اُس بزم میں بہار نہ ہو جس میں تو نہ ہو	۱۰۸
سینے میں داغ تازہ جو رنج و محن کے ہیں	۹۸	دیکھ کے جان کے پہچان کے مارا ہم کو	۱۰۹
شرمندگی شریک رہے جو گناہ میں	۹۹	ساقیا کیوں ہے یہ گردش ترے پیمانوں کو	۱۱۰
شفق جو مے ہے تو کب ساغرِ آفتاب نہیں	۱۰۰	غرق کر دے نہ کہیں عشق کا قُلزم مجھ کو	۱۱۱
عکسِ رخِ نگار ہے جامِ شراب میں	۱۰۱	قُلزمِ عشق کا ملتا نہیں ساحل مجھ کو	۱۱۲
قصہ طویل عشق کا ہے مختصر کہاں	۱۰۲	یہی دل چاہتا ہے سامنے ہر دم یہ منظر ہو	۱۱۳
کبھی تھی جلوۂ رُخ کی بہار آنکھوں میں	۱۰۳	رہے آباد اے ساقی ہمیشہ تیرا میخانہ	۱۱۴
کوچۂ یار سے جب عزم سفر کرتا ہوں	۱۰۴	اس درجہ بے اثر مری آہِ جگر ہوئی	۱۱۵
کیونکر شریک ہو کوئی حالِ تباہ میں	۱۰۵	تمہاری نگہ دل کو بہلا گئی	۱۱۶
گلوں کو مژدہ چمن میں وہ آج آتے ہیں	۱۰۶		

بِسۡمِ اللّٰہِ الرَّحۡمٰنِ الرَّحِیۡمِ

دیباچہ

اعلیٰحضرت آصفِ سابع (جنت مکان) کا کلام بلاغتِ نظام سامنے ہے۔ بے خبری کے عالم میں اس کے اوراق جا بجا سے اُلٹتا پلٹتا ہوں۔ نگاہ الفاظ اور فقروں پر ہے۔ لیکن حافظہ دور دراز ماضی کی تاریخ اور حال کے حادثات کو اس طرح گردش دیتا اور سامنے لاتا ہے، جیسے برسات کے آبلہ پا بادل ہوا کے جھونکوں سے طرح طرح کے خاکوں اور شکلوں میں بنتے اور بکھرتے ہوں۔ سواحلِ مالابار پر عرب تاجروں کا نُزول، دکن پر خلجیوں کی تاخت، بہمنی سلطنت کا عُروج و زوال، اُس کے حکمرانوں کی شعر و ادب اور عُلوم و فُنون کی سرپرستی، صُوفیائے کرام کا پیامِ امن و اُخوّت، مملکتِ میسور اور حیدر علی

اور ٹیپو سلطان کی یوروپین تاجروں اور طاقتوں سے نبرد آزمائی، خاندان آصفیہ کا قیام دربار اور دبدبہ، تہذیب و تمدّن، شعروادب اور علم و فضل، آخر میں زوال و زبونی، کیسے کیسے اور کہاں کہاں کے مناظر و معرکے صف اندر صف قطار اندر قطار متخیلہ سے گزرنے لگے اور گزر گئے۔ ثبات ایک تغیر کو ہے زمانے میں۔

تاریخی پسِ منظر، عہدِ آصفی

اعلیٰحضرت کی شاعری دکن میں اُردو شاعری کے اس پس منظر میں دیکھنا ضروری ہے جو تقریباً چار سو سال کی مُدت پر پھیلا ہوا ہے۔ بہمنی دور میں اردو شاعری کا آغاز ہوگیا تھا لیکن یہ برگ و بار لائی عہدِ قطب شاہی اور عادل شاہی میں۔ ایک لحاظ سے اعلیٰحضرت کا کلام اس تاریخی ورثے کی ایک کڑی ہے جو محمّد قلی قطب شاہ، وجہی، غوّاصی، اور ابن نشاطی کی شاعری کا احاطہ کئے ہوئے ہے۔ دکن میں اُردو زبان اور اُردو شاعری دو بڑی لہروں کی شکل میں وارد ہوئیں، اُردو زبان اور شاعری کا نقشِ اوّل قدیم اُردو کی وہ شاعری ہے جس کا تذکرہ ابھی کیا جاچکا ہے۔ دوسری لہر آصف جاہی خاندان کے ساتھ اٹھارویں صدی کے ربع اوّل میں پہنچی۔ یہ عجیب و غریب

اِتفاق ہے کہ یہی وہ زمانہ ہے جب وَلی اُردو شاعری کا دِیا لے کر دہلی پہنچے جس سے وہاں بے شمار چراغ روشن ہو گئے اور آصف جاہ اوّل "محاورہ شاہجہاں آباد" جلو میں لے کر قدیم اُردو کے "بابُ الدّاخلہ" اورنگ آباد میں نُزول فرماتے ہیں۔اس طرح دکن اور شمال کے درمیان ادبی لین دین کا بازار گرم ہو جاتا ہے۔اُردو اپنے آصف جاہی رُوپ میں دکن کی قدیم اُردو سے خاصی مختلف ہو چکی تھی۔چنانچہ آصف جاہی خاندان کے تسلّط اور حیدرآباد کو دارُالسّلطنت بنانے کے ساتھ ہی قدیم اور جدید اُردو کی کشمکش کا آغاز ہو جاتا ہے۔قطب شاہی خاندان کے آخری فرمانروا ابوالحسن تاناشاہ کے کلام کے یہ اشعار ہم پڑھ رہے تھے ؎

تُجھ مُکھ کوئی چندر کہتے ، کوئی صورتیں انور کہتے
کوئی حُسن کا مندر کہتے، کوئی کچھ کہتے کوئی کچھ کہتے

کہ نظامُ الملک آصف جاہِ اوّل کی شُمالی اُردو کا یہ سُر بلند ہوا۔

گالی نہ کہو کوئی مرے دلبر کو حسد سے
مُجھ دل کے گلے میں یہ دُعائے یمنی ہے

آصف جاہ اوّل کے فرزند اور جانشین نے اس لہجہ اور اسلوب کو اپنے کلام میں جاری و ساری رکھا ؀

چشمِ بد دور دلبراں سارے
اپنے ناصر کو پیار کرتے ہیں

نظام الملک آصف جاہ ثانی اور بعد کے آنے والے حکمرانوں نے تحقیقی کارناموں کی طرف توجہ نہیں کی لیکن یہ انھیں کی ادبی سرپرستی کا طفیل تھا کہ ارسطو جاہ، چندو لال شمس الامرا، مختار الملک اور یمین السلطنت مہاراجہ کشن پرشاد جیسے سخنور اور سخن سنج پیدا کئے۔ جن کی شعر و ادب سے شیفتگی، اربابِ کمال سے شغف نے، شاہ تجلّی، ماہ لقا بائی چندا، شیر محمّد ایمان، محمّد صدیق قیس، اور میر شمس الدین محمّد فیض جیسے صاحبانِ سخن کو بامِ عروج پر پہنچایا۔ دوسری طرف والیانِ دکن کی "قدر سخن" اور "کشش کاف کرم" نے شاہ نصیر، حفیظ دہلوی، داغ، امیر، فانی اور جلیل وغیرہ کو اس طرح کھینچا کہ بیشتر یہیں آسودۂ خاک ہوے۔

اعلحضرت سُلطان العلوم کا عہد اس اعتبار سے مُمتاز ترین قرار پاتا ہے کہ اس میں اُردو کو نہ صرف سرکاری اور علمی سطح پر وقعت نصیب ہوی بلکہ اعلحضرت کے

دَورِ حکومت میں حیدر آباد اُردو شاعری اور ادیبوں کا ماویٰ وملجا اور بڑا اہم مرکز بن گیا۔ ملک بھر سے ادیب، شاعر اور اہلِ کمال جوق در جوق حیدر آباد "اُردو بُنیاد" کی محفلوں میں آنے لگے۔ اعلیٰحضرت نہ صرف سخن فہم تھے بلکہ سخنداں بھی تھے، جس کا ثبوت اُن کا پیشِ نظر کلیات ہے۔ سُلطان العلوم اُردو شعر کی عظیم روایت کے محافظ اور ضامن تھے، ان کے کلام میں اس روایت کے پرتو کا پایا جانا لازمی تھا۔ تشبیہ و استعارہ، محاورہ، روزمرہ اور زبان و بیان کے اعتبار سے اعلیٰحضرت کے کلام میں اُردو کے مُستند و معروف غزل سراؤں کی بازگشت ملتی ہے یہ اس کی واضح دلیل ہے کہ اعلیٰحضرت کا مُطالعہ گہرا اور نظر وسیع تھی اور وہ ہر گلستان سے گلچینی کر سکتے تھے۔ مثلاً۔

نیا یہ ڈھنگ نکالا مری عیادت کا
وہ دیکھ کر مرے زخموں کو مسکراتے ہیں

☆

مئے گلرنگ کی ہے جلوہ گری شیشے میں
بند کی ہے مرے ساقی نے پری شیشے میں

بات میں بات کیا نکالی ہے

اُس کی جو بات ہے نرالی ہے

☆

رُخسار و چشم یار کی تصویر دیکھنا

نرگس کے پھول باندھ دیئے ہیں گلاب میں

☆

اس قدر کُھب گئی آنکھوں میں یہ صُورت تیری

اب کسی کو بھی نہ ہم تیرے سوا دیکھیں گے

☆

تری نظر سے ترا مُدّعا سمجھتے ہیں

نظر شناس تری ہر ادا سمجھتے ہیں

☆

بعض معروف غزل گویوں پر اعلحضرت کی نظر خاص طور پر مرکوز تھی.

یہ مصرعے مُلاحظہ ہوں :

در و دیوار پہ حسرت سے نظر کرتے ہیں

مٹے عاشقوں کے نشاں کیسے کیسے

☆

حقیقت خود کو منوا لیتی ہے مانی نہیں جاتی

☆

بادہ جب تک ہے فروغِ جام ہے

☆

یہ بات گُل کو بہت ناگوار گزری ہے

☆

زندگی نام ہے مر مر کے جیئے جانے کا

☆

جیسے قرآن پسِ توریت و زبور و انجیل

☆

زبان و بیان کی صحت، سلاست اور صفائی

زبان کی صحت، صفائی اور سلاست کا اہتمام ہر ترقی یافتہ زبان میں ملتا ہے اور کہا جاتا ہے۔ سب سے پہلے اس کی ضرورت شاعری اور موسیقی کے لئے محسوس کی گئی ہوگی۔ جن کے حسن کا بہت کچھ مدار اس عمل پر ہے اس کے بعد نثر میں بھی اس

کا لحاظ رکھا جانے لگا۔ زبان وادب کے ارتقا اور ترقی میں یہ عمل مُسلسل ہوتا رہتا ہے۔ گفتگو اور تحریر میں اس کا خاص طور پر لحاظ رکھتے ہیں کہ زبان کس درجہ صحیح، صاف، سلیس، سادہ اور خوبصورت ہے۔ اُردو شاعری کو جو نسبت عربی اور فارسی سے رہی ہے، اس سے کچھ کم دخل اس کی ابتدا، ارتقا اور عُروج میں ہندوستان کے فلسفہ، مذہب، شعروادب، فُنون لطیفہ، یہاں کی سرزمین، یہاں کے لوگ، اُن کے رہن سہن اور روایات کو نہیں رہا ہے۔ اس طرح اُردو کی ہیئت، مزاج، معیار اور نشوونما میں جتنے اور جیسے عوامل دخیل رہے ہیں وہ کم زبانوں کے حصے میں آئے ہوں گے۔ ایشیا کو مذاہب کا گہوارہ مانا گیا ہے، تہذیبوں کا سرچشمہ بالعموم مذاہب رہے۔ ہیں۔ مذاہب اور عبادت کی زبان کا اسلوب بالعموم شاعرانہ اور خطیبانہ ہوتا ہے۔ یہی سبب ہے کہ ایشیائی شعروادب میں شاعری اور خطابت کا رنگ بالعموم نمایاں رہا ہے۔ اس کا ایک اور اہم سبب یہ ہے کہ اس کی ترقی کا زمانہ سلاطین اور صنادید کے درباروں بالعموم ان کے زوال کا زمانہ ہوتا ہے اور درباروں اور حکومتوں کا زوال اُن کی تہذیب اور شائستگی کے نقطۂ عروج سے شروع ہوتا ہے اس لئے اُردو شعروادب

میں تکلفات کا اہتمام زیادہ ملتا ہے۔ زبان کی صحت و صفائی کا ایک بڑا فائدہ یہ ہے کہ کلام میں فکر، جذبہ اور تخیل کا عنصر کم یا برائے نام ہو، جب بھی وہ محض حُسنِ بیان کے اعتبار سے دل نشین ہو جاتا ہے اور کلام کا دل نشین ہونا کلام اور صاحبِ کلام دونوں کا بڑا قابلِ قدر کارنامہ ہے، ان بیانات کی روشنی میں اعلیٰحضرت کے کلام سے ذیل کے اشعار پیش کیے جاتے ہیں:

آہوں میں کچھ کمی نہ ہوی داغِ عشق میں　　تھا یہ عجب چراغ کہ روشن ہَوا میں تھا

آتا ہے تو نہ جان نکلتی ہے ہجر میں　　تیری طرح سے بھول گئی ہے قضا مجھے

نازو ادا سے آپ کا آنا تو دیکھئے　　تعظیم کو کھڑی ہے قیامت بھی راہ میں

جواب چشمِ جاناں کیوں نہ ہو تیری زباں عثماںؔ　　اُدھر جادو نگاہی ہے اِدھر جادو بیانی ہے

حال پر میرے شام ہی سے کہیں　　چاک دامن سحر نہ ہو جائے

خود جفا و وفا پہ غور کرو　　اُس میں کچھ فائدہ ہے یا اس میں

ہمارے عشق کا افسانہ اکثر　　وہ سنتے ہیں رقیبوں کی زباں سے

ابھی ہو رہی ہے عید کیسی آج مقتل میں　　کوئی بسمل سے ملتا ہے کوئی قاتل سے ملتا ہے

خدا جانے کیا کیا کرے گی نہ رسوا　　یہ چاہت ہماری یہ صورت تمہاری

جینا بھی اس کے ساتھ ہے مرنا بھی اس کے ساتھ　دُنیا قیام گاہ نہیں رہگزر تو ہے

کچھ سمجھ میں نہیں آتا یہ معمّہ عثمانؔ　عمر معلوم نہیں جاتی ہے یا آتی ہے

یہ تاثیر بھی دل دُکھوں کی سنو　خموشی بھی دیکھو زباں ہو گئی

کسی کو آپ کے وعدے سے کیا تسکین ہو عثمانؔ　کہ فردائے قیامت آپ کا اقرار فردا ہے

اعلیٰحضرت کہیں کہیں داغؔ کے رنگ کو اپنانے میں نُمایاں حد تک کامیاب ہوے ہیں

یہ اشعار ملاحظہ ہوں ؎

الٰہی خیر ہو بدلے ہوے ہیں یار کے تیور　ستم آیا، غضب آیا، بلا آئی قضا آئی

نگاہیں قہر ڈھاتی ہیں ادائیں دل لُبھاتی ہیں　قیامت جس کو کہتے ہیں تری اُٹھتی جوانی ہے

آنکھوں میں اثر مے کا ہے لغزش ہے قدم میں　یہ تو کہو اس شان سے آتے ہو کہاں سے

نہ ظالم باز آ، جور و جفا سے　اگر ہم مر گئے تیری بلا سے

یہی دل چاہتا ہے سامنے ہر دم یہ منظر ہو　کوئی گردن جھکائے ہو کوئی مائل بہ خنجر ہو

ہماری جان گئی تیری دل لگی ٹھیری　سکھایا کس نے ادا کو تری قضا ہونا

جان جاتی ہے مری ناز و ادا سے پہلے　غمزہ ڈھاتا ہے ستم تیغِ جفا سے پہلے

رعایت و مناسبات

حُسن کاری وحُسن آفرینی شعروادب اورفنونِ لطیفہ کے لوازم ہیں۔ یہ تہذیبی زندگی کے تقاضے بھی ہیں اوراس کے انعام بھی۔ امن اورآسودگی کے دور میں یہ رُو بہ ترقّی ہوتے ہیں لیکن یہی امن وآسودگی، تعیش وطرب ہوس ناکی میں بدل جائے تو زندگی تب وتاب سے محروم ہونے لگتی ہے اورتہذیب مجہول اور مُعطّل ہوکر بے جان و بے اثر ہوجاتی ہے۔ وحشی قبائل اورجانوروں کی پناہ گاہوں سے لے کر اجنتا اورایلورا کے غاروں تک اوروہاں سے شروع ہوکر سائنس اورٹکنالوجی کی موجودہ فتوحات تک ہماری زندگی جن طریقوں، راستوں اورآزمائشوں سے گزرتی ہوی موجودہ دورتک پہنچی ہے وہ اسی داستان کے شب وروز ہیں۔ دربار اوردبستانِ لکھنؤ کی اُردو شاعری، حُسن کاری اور حُسن آفرینی کے انھیں منازل سے گزری ہے۔ انسان کا ذوق اور ذہن ان سے ضرور گزرتا ہے لیکن گزرجاتا ہے۔ ٹھیرتا نہیں۔ اوریہی ہونا چاہیئے۔ ورنہ حُسن کاری اورحُسن آفرینی تخلیقی عمل نہیں رہ جاتے بلکہ مُعطّل اور بے جان ہوجاتے ہیں۔ اور زندگی کا سیلِ رواں ان کوخس وخاشاک کی طرح بہالے جاتا ہے۔ شاعر جب یہ کہتا ہے ؎

مشاطہ را بگو کہ بر اسبابِ حُسنِ یار چیزے فزوں کند کہ تماشا بہ ما رسد

تو اسی ابدی حقیقت و بشارت کی طرف اشارہ کرتا ہے۔

لکھنؤ کے اس عہد میں صنائع بدائع اور دوسرے تکلفات اُردو شاعری کا وسیلہ نہیں مقصد سمجھا جانے لگا۔ اس سے ہر صنفِ کلام کو نقصان پہنچا۔ زندگی نے یکسر اور یک بیک پلٹا نہ کھایا ہوتا تو اُردو شاعری مدتوں ان کی گرفت سے آزاد نہ ہو سکتی۔ لکھنؤیوں بھی زمانہ اور زندگی کی شاہراہ (فورٹ ولیم، لکھنؤ، علی گڑھ، دہلی اور لاہور) جس محور پر تھا وہاں تکلف اور تصنّع کی شاعری دیر تک قائم نہیں رہ سکتی تھی۔ حیدرآباد اس شاہراہ اور منطقہ سے بہت دور اور الگ تھا۔ شاید اسی سبب سے اعلیٰحضرت کی شاعری کا انداز اور اسلوب زیادہ تر وہی رہا جو لکھنؤ کا تھا۔ ساتھ ہی ساتھ اس پر تعجب بھی ہوتا ہے کہ ایسا کیوں ہوا۔ جب اعلیٰحضرت کی شاعری کا دور حیدرآباد ہر اعتبار سے عہد زرّیں تھا۔ جب دورِ آصفی اور عثمانیہ یونیورسٹی کی کشش سے ہندوستان کے کتنے منتخب روزگار وہاں یکجا ہو گئے تھے۔ یہ اشعار ملاحظہ ہوں ؎

یہ بھی درازیٔ شبِ ہجراں کی ہے دلیل جو شام سے تصورِ گیسوئے یار ہے

کام تو نے یہ عجب غیرتِ شمشاد کیا　　داغ لالے کو دیا سرو کو آزاد کیا

مثلِ پروانہ جلائے ہیں دلوں کو کیا کیا　　شعلہ رُویوں نے بھی اندھیر مچا رکھا ہے

سُلجھتی ہی نہیں گتھی ہمارے بختِ خفتہ کی　　تری زُلفِ سیہ نے بھی بلا کے پیچ ڈالے ہیں

افشاں جما کے تم نے یہ اندھیر کر دیا　　گرنے لگے زمیں پہ ستارے نئے نئے

جبینِ یار کی افشاں سے صاف ظاہر ہے　　قمر کے گرد ہے ہالہ کئی ستاروں کا

عثماں ہوئی ہیں عشق میں کیا کیا مصیبتیں　　اس مختصر کی مجھ سے طوالت نہ پوچھئے

گھٹا سمجھو نہ اس کو بادہ نوشو ہجرِ جاناں میں　　سرِ گلشن مرا دودِ جگر بن کر سحاب آیا

کسی نے دستِ حنائی سے پونچھ کر آنسو　　لگا دی آگ مری اشکبار آنکھوں میں

گھونٹ پیتے ہیں لہو کے زاہدانِ خشک بھی　　جرعہ جرعہ میکشوں کی بادہ خواری دیکھ کر

صبحِ عشرت اپنی یاں شامِ جدائی ہو گئی　　زُلف کو عارض پہ کیوں تو نے پریشاں کر دیا

مرا خونِ تمنا رفتہ رفتہ رنگ لایا ہے　　کہ رنگت دستِ نازک کی حنائی ہوتی جاتی ہے

عثماں تو کر چکا ہے ہزاروں کا امتحاں　　بے شر ہوں جو کہ ایسے بہت کم بشر ملے

غیر کو مدِ نظر کیوں ہے اُٹھانا میرا　　نہ تو چلمن نہ نقابِ رُخِ جاناں ہوں میں

کسی سے دل جو لگا ہو تو سمجھیں اے عثماںؔ ہمارے دل کی لگی کو وہ کیا سمجھتے ہیں

شاعر اپنی میزان میں

شاعری بالخصوص غزل گوئی میں شعرا غمِ دوراں اور غمِ جاناں کے ساتھ ساتھ اپنے بارے میں بھی کچھ اعلان و اعتراف کرتے رہتے ہیں جو شاعر کے تجربے، تخیّل یا تأثُّر کا خُلاصہ ہونے کے باعث اس کی شخصیت اور شاعری کی قدر و قیمت مُتعیّن کرتے ہیں کلام یا حاصلِ کلام کا اختتام شُعرا اکثر اپنے تخلّص پر کرتے ہیں اور یہ اظہار ہوتا ہے۔ اس امر کا کہ ایک خاص موقع یا محل پر زمانہ، زندگی یا اپنے بارے میں اس کا نقطۂ نظر کیا تھا اس سے اس کے ذوق اور ظرف کا اندازہ لگاتے ہیں۔ مقطع، نظم کا نقطۂ عروج اور شاعر کے فکر و نظر کی رسائی یا نارسائی کا پیمانہ یا پیمائش ہوتا ہے اور اس میں "سخن گسترانہ بات" کا آنا لازمی ہے۔ اعلیٰحضرت کے کچھ مقطعے مُلاحظہ ہوں ؎

عثماںؔ بھی شاعری میں بڑا نام کر گیا گو اک سے اک بڑھا ہوا خلقِ خدا میں تھا

عثماںؔ طمع رہی نہ کسی بات کی مجھے سب کچھ ہے میرے پاس خُدا کا دیا ہوا

ہمیشہ رہے فضلِ خالق سے عُثماںؔ ریاست تُمھاری حکومت تُمھاری

اعلیٰحضرت کی غزلیات بالعموم مختصر ہیں، ہر غزل کے اوپر لازماً ایک قطعہ ہے۔ اکثر نعت و منقبت پر مشتمل، ان مختصر غزلوں میں بھی دو ایک شعر نعت و منقبت کے ہوتے ہیں۔

اعلیٰحضرت کے کلام میں بعض الفاظ زیادہ کام میں لائے گئے ہیں، جیسے ممدوح کے رُجحانِ طبع و تخیل کو اُن سے بڑا سہارا ملتا ہو۔ بعض یہ ہیں۔ خُم، غدیر، نجف، بوترابؑ، طٰہٰ، صدف، دُرِ ثمیں، خمر، گلاب، میخانہ، وغیرہ۔ اسی طرح فارسی کلام میں بعض تاکیدی کلمات کا استعمال نُمایاں ہے۔ مثلاً تو، بہ بیں، نگر، تو نگر۔ (دیکھ لو) دان تو، شنو وغیرہ۔

پچھلے کم و بیش ڈیڑھ سو سال میں اُردو شعر و ادب نے جن مختلف تحریکوں، اداروں اور اکابر کے سہارے جیسی حیرت انگیز ترقّی کی ہے وہ ہندوستان کی دوسری زبانوں یا شعر و ادب میں مشکل سے نظر آئے گی۔ اس ترقّی کے شُمالی ہند مرکزوں سے قطع نظر دکن سے فارسی اور اردو شعر و ادب کے عُروج کا جو گہرا لسانی، تہذیبی رشتہ بہمنی سلطنت سے لے کر عہدِ آصفی تک رہا ہے اس کی مثال شمالی ہند میں بھی باستثنائے چند حکمرانوں کے عہد کے مشکل سے ملے گی۔ یہاں تک کہ علم و ادب کی سرپرستی میں مُغلیہ سلطنت کے بعض اُمرا جس دریا دلی

سے کام لیتے تھے، اس سے کچھ کم کارنامے عہد آصفیہ کے امرائے دولت کے بلاتخصیص مذہب وملت نہیں ہیں۔ علم وہنر اور اربابِ کمال کی سرپرستی اور حوصلہ افزائی کے اعتبار سے یہ اُمرائے کبار کبھی کبھی خاندانِ برمکہ (عہد دولتِ عباسیہ بغداد) کی یاد تازہ کرتے تھے۔ اس کے علاوہ جس عالی حوصلگی اور وسعتِ نظر سے اعلحضرت کے عہد اور شاہی سرپرستی میں جن اُولوالعزم اعیان واکابر سلطنت کی تحریک وتعاون سے عثمانیہ یونیورسٹی وجود میں آئی اور ہندوستان کی علاقائی زبانوں میں ہم علاقائی زبان اُردو کو یہ درجہ حاصل ہوا جس آزادی، آسانی اور کامیابی سے اس زبان میں کم وبیش تیس[۳۰] سال یونیورسٹی کی اعلیٰ سطح پر ہر مضمون اور فن کی تعلیم دی گئی اور اندرون وبیرون ملک کی معیاری یونیورسٹیوں نے اس کے فارغ التحصیل طلبا کو اپنایا وہ ہندوستانی زبانوں کی تقدیر کا ایک روشن باب اور عظیم بشارت تھی۔ اس کے علاوہ دائرۃ المعارف کے اعلیٰ تحقیقی اور تاریخی کارناموں سے علوم اسلامی کو جیسا فروغ اور نشرواشاعت نصیب ہوی وہ بھی علوم مشرقیہ کی تاریخ میں کبھی بھلائی نہ جاسکے گی۔

وضع روزگار

اعلٰحضرت نے اپنی عُمر میں زمانے کے بہت سے نشیب وفراز دیکھے۔ آخری مُغل شہنشاہ بہادر شاہ ظَفَراور خانوادۂ آصفیہ کے آخری فرمانروا میرعثمان علی خاں آصف جاہ سابع بیشتر لحاظ سے ایک دوسرے سے بہت مماثل ہیں۔ یہ دونوں اپنی محرومی وبربادی دیکھنے کے لئے دیر تک زندہ رہے۔ ایک جلاوطنی میں دوسرا اپنی ہی بارگاہِ بام ودر میں۔ شاہ ظَفَر کی شاعری میں "دَورِ گدایانہ کا کرب" جا بجا ملتا ہے۔ ناممکن تھا کہ میرعثمان علی خاں کی شاعری میں "وضع روزگار" کا غم نہ ملے۔ ٹھمریاں لکھنے کا دونوں کو شوق تھا۔ اس کا ایک سبب یہ بتایا جاتا ہے کہ شاہ ظَفَر اس طرح کے گانے تصنیف کر کے مُغنیوں سے سُننے کے شائق تھے ممکن ہے اعلٰحضرت بھی ہوں لیکن زیادہ قرینِ قیاس یہ ہے کہ عُمر کے آخر حصہ میں جب حیات اور حکومت کا آفتاب ڈوبنے کے قریب ہوتا ہے اور یاس و تنہائی اور خاموشی کے سائے اور سردی بڑھنے لگتی ہے تو اسی طرح کے غمناک راگوں میں پناہ لینے سے تسکین ملتی ہے۔ کاش اعلٰحضرت کا کلام تاریخ وار مُرتّب کیا جاسکتا تاکہ معلوم ہوسکتا کہ سوزِ غم اور درد و داغ کہاں کہاں اور

کیسے آئے۔ تاہم بعض اشعار خواہ وہ کسی دور کے ہوں یا تو حقیقت حال ہیں یا اندیشۂ فردا۔ ملاحظہ ہوں:۔

ستم کا دور رہا بار بار ہم پر بھی نہ پوچھ کیسے تھے یہ روزگار ہم پر بھی
بتائیں کیا تمہیں قصے زمانِ ماضی کے گزر چکے ہیں یہ لیل و نہار ہم پر بھی

☆

فلک کے جور سے سب لطف مٹ گیا عثماںؔ نہ مے رہی نہ وہ صحبت نہ یار باقی ہے

☆

اک نہ اک طرح تمہیں عمر کو اپنی عثماںؔ جھیل کر آفت و آلام بسر کرنا ہے

☆

گردشِ انقلاب سے عثماںؔ آج دنیا تباہ ہوتی ہے

☆

سابق کے رنگ ڈھنگ وہ عثماںؔ بدل گئے منظر نئے نئے ہیں قرینے نئے نئے

☆

وہ "شہ عثماںؔ" جو کسی زمانے میں کہتا تھا۔

جبہ سا خاکِ دکن پر آج ہے سارا جہاں

مُلکِ دارا اور ہے اقبالِ عثماںؔ اور ہے

یا، یہ دُنیا کہتی جاتی ہے صداقت کی قسم کھا کر

عروج و شان و شوکت میں ذرا ملکِ دکن دیکھو

یا، زمانہ کہتا ہے بے لاگ عثماںؔ

ہر اک کو آس ہے تیرے ہی در سے

☆

یکسر بدلے ہوئے حالات میں اُس کا یہ لہجہ کتنا حزیں

ہے :-

کس نے ملایا بادہ میں سَم کچھ نہ پوچھئے

کیا کیا ہوئے ہیں ہم پہ ستم کچھ نہ پوچھئے

☆

زمانے کے حالات کا ہے اثر

مری زیست مجھ پر گراں ہوگئی

☆

عثماں ز انقلاب جہاں راگریز نیست

از وضع روزگار شکایت چہ میکنی

☆

رشید احمد صدیقی

ذاکر باغ، مسلم یونیورسٹی، علی گڑھ

غزلیاتِ اُردو

قطعہ

زندہ بیمار کو تاثیرِ دوا نے رکھا
نبضِ ساقط کو رَوانِ دستِ شفا نے رکھا

شکر صد شکر کہ دنیائے دَنی میں عثماںؔ
ہم کو محفوظ بَلاؤں سے خدا نے رکھا

غزل

آئی بہار زخمِ جگر پھر ہَرا ہُوا
دل میں خلش کا پھر وہی نشو و نُما ہُوا

اک لمحہ بھی قرار دلِ زار کو نہیں
دل کیا ہمارا طائرِ قبلہ نُما ہُوا

کیسی ہَوا چلی چمنِ روزگار میں
نقشِ وفا کا ہائے نشاں تک فنا ہُوا

جس پر نظر پڑی اُسے بیخود بنا دیا
ہے چشمِ مستِ یار میں جادو بھرا ہُوا

عثماںؔ طمع رہی نہ کسی بات کی مجھے
سب کچھ ہے میرے پاس خدا کا دیا ہُوا

قطعہ

بادۂ ناب سے چھلکا ہوا ساغر دیکھا
اور مہکا ہوا گلشن میں گُلِ تر دیکھا

خوب نسبت یہ ملی نام سے ان کے عثمانؔ
حیدر آباد میں کیا جلوۂ حیدرؑ دیکھا

غزل

ایک بھی کوچۂ جاناں سے نہ شاداں نکلا
کوئی گریاں کوئی نالاں کوئی حیراں نکلا

اشک نکلے مری آنکھوں سے جگر سے فریاد
مدعا دل کا نہ میرے کسی عنواں نکلا

لاکھ تدبیر مسیحا نے نکالی لیکن
دردِ الفت کا نہ اب تک کوئی درماں نکلا

دلربا ہو کے قیامت ہوا غمزہ تیرا
دل کا کیا ذکر مری جان کا خواہاں نکلا

سرگزشتِ دلِ بیتاب کہاں تک عثمانؔ
یہ تو اک قصۂ پُر درد و پُر ارماں نکلا

قطعہ

برائے سجدہ کوئی اور آستاں نہ رہا یہ قصہ قیس کا بھی لائقِ بیاں نہ رہا
غدیرِ خُم کا یہ اعلان کہتا ہے عثماںؔ بہارِ نو کو کچھ اندیشۂ خزاں نہ رہا

غزل

باغوں میں اِک گُلاب نہیں ہے تو کیا ہُوا خُم میں اگر شراب نہیں ہے تو کیا ہُوا
حاصل کریں گے درسِ وِلائے علیؑ کو ہم مکتب میں گر کتاب نہیں ہے تو کیا ہُوا
نظارہ کرتے رہتے ہیں بابِ نجف کا ہم گردوں پہ آفتاب نہیں ہے تو کیا ہُوا
ہُشیار ہے یہ نرگسِ شہلا تو باغ میں سبزہ جو محوِ خواب نہیں ہے تو کیا ہُوا

عثماںؔ پئیں گے بادۂ خُمِ غدیر ہم
میخانہ میں شراب نہیں ہے تو کیا ہُوا

قطعہ

ہو کر رہا ہے مُعجزہ حق کے کلیم سے — آواز آتی جاتی ہے رُکنِ حطیم سے
معنیٰ کی اور شرحِ بیاں کی نہ پوچھئے — حل ہو گیا ہے رَمز کتابِ کریم سے

غزل

بلا مطلب یہ جینے کی ہوس کیا — یہ دل کیسا ذرا دیکھو نَفَس کیا
منانے کے لئے یہ عیدِ زہرؑا — نہ آئے گی سُنو اب کے برس کیا
نہ کر دینے میں تو تعویق ہرگز — کرم کرنے میں ہے یہ پیش و پس کیا
اُڑے جاتے ہیں کیا دیکھو فضا میں — ہَوا کے سامنے یہ خار و خس کیا

نہیں رکھتی ہے وقعت کچھ بھی عثماںؔ
قناعت کہتی ہے حرص و ہوس کیا

قطعہ

شرابِ ناب پی کر رات دن بیہوش رہتا ہوں
خیالِ ساقیٔ کوثر میں مَیں مدہوش رہتا ہوں

نہیں کھلتا سبب اسکا کہ ہے کیا راز اے عثمان
کسی کی یاد میں مصروف و ہم آغوش رہتا ہوں

غزل

بہارِ گُل میں جو گرداں خُمِ شراب ہُوا
تو مے شفق ہوی پیمانہ آفتاب ہُوا

اسیر کر کے دلِ بے قرار کو میرے
کمال گیسوئے جاناں کو پیچ و تاب ہُوا

قفس میں بند ہوی حیف بُلبُلِ ناشاد
بہارِ گُل میں گُلستاں کا وا جو باب ہُوا

تڑپ کے سینے سے میرے نکل گیا آخر
شبِ فراق میں دل کو یہ اضطراب ہُوا

سیاہ کار وہ تھا میرے جُرم کا عثمان
شمار ہو نہ سکا جس گھڑی حساب ہُوا

قطعہ

زُہد و وَرع کا لطف ملا ہے نماز میں
وہ بات کیا نشیب میں جو ہے فراز میں

تسکین اس سے ہوتی ہے قلب و نگاہ کی
خلوت کا کیف مل گیا راز و نیاز میں

غزل

پھر صدمۂ فراق کا دل پر اثر ہُوا
پھر آفتابِ داغ جگر جلوہ گر ہُوا

اُس کج ادا کے ایک خدنگِ نگاہ سے
دل ہو گیا جو صید تو بسمل جگر ہُوا

صیاد نے قفس میں کیا پَر کتر کے بند
باغِ جہاں میں مجھ سا نہ بے بال و پَر ہُوا

آثارِ صبح میں نے جو دیکھے شبِ وصال
صدمہ سے رنگ فق مرا مثلِ سحر ہُوا

عثماںؔ پہ منحصر نہیں اے شاہِ انبیا
عالَم کی سجدہ گاہ ترا سنگِ در ہُوا

قطعہ

مثالِ صبح ہوں میں شب نہیں ہوں پئے اظہارِ حق میں کب نہیں ہوں
ذرا سُن لیں اسے جو منتظر ہیں اگر میں تھا کبھی کچھ اب نہیں ہوں

غزل

تجھے تو کھیل ہے آمادۂ جفا ہونا مجھے نشانۂ رنج و غم و بلا ہونا
ہماری جان گئی تیری دل لگی ٹھہری سکھایا کس نے ادا کو تری قضا ہونا
مدد کرے جو محبت میں جذبۂ کامل ہماری آہ کو مشکل نہیں رسا ہونا
وہ دردِ عشق ہے جس کا کوئی علاج نہیں خیال و خواب ہے اے چارہ گر شفا ہونا

کسے ضرورتِ آبِ حیات ہے عثمانؔ
بقا ہے اپنے لئے عشق میں فنا ہونا

قطعہ

چرخ پر جھوم کے کیا دیکھ گھٹا چھائی ہے جس کا مطلب ہے یہی آج بہار آئی ہے
آتی ہے کانوں میں بابِ علوی سے یہ ندا دَر یہ ایسا ہے کہ ہر ایک کی شنوائی ہے

غزل

جب تک وہ فاتحہ کو بُلایا نہ جائے گا ہرگز مرا مزار بنایا نہ جائے گا
سو بار میرے دل کو نگاہوں سے تو گرا یہ اشک تو نہیں جو اُٹھایا نہ جائے گا
یہ بھی کوئی طریقِ نصیحت ہے ناصحا یوں تو کسی کو راہ پہ لایا نہ جائے گا
پامال کر نہ حسرت و ارماں کہ دل مرا جس دم اُجڑ گیا تو بسایا نہ جائے گا
عثماں کو اب بہت نہ جلا یاد رکھ فلک
شُعلہ بھڑک اُٹھا تو بُجھایا نہ جائے گا

قطعہ

حال گلشن کا صبا سے پوچھو
اور تاثیر دوا سے پوچھو

کس طرح جا کے نجف میں آخر
ہوی مقبول دُعا سے پوچھو

غزل

جب سے تیرے چمنِ حُسن کو جاناں دیکھا
ہم نے اُس دن سے پلٹ کر نہ گلستاں دیکھا

حیرت آتی ہے جنوں کی مجھے بیباکی پر
آستیں دیکھی نہ دامن نہ گریباں دیکھا

سفرِ عمر میں تیرے ہی بدولت اے عشق
ہم نے ہر منزلِ دشوار کو آساں دیکھا

شکوۂ جور کی اُلفت نے اجازت ہی نہ دی
عرصۂ حشر میں جب اُس کو پشیماں دیکھا

جاہ و عزت نے لئے میرے قدم اے عثمان
جب نفس کا نہ مجھے تابعِ فرماں دیکھا

قطعہ

شرابِ ناب سے لبریز ساقی جام ہو جائے
کرم رندوں پہ میخانے میں صبح و شام ہو جائے

خُدا جبتک نہ دے توفیق عثماںؔ غیر ممکن ہے
ہوں آساں مُشکلیں گر پیروِ اسلام ہو جائے

غزل

جگر میں سُوز ہے لب پر نہیں فغاں پیدا
یہ آگ وہ ہے کہ جس میں نہیں دُھواں پیدا

فنا کے بعد بھی مجھ کو یہ خوف رہتا ہے
کہیں نہ زیرِ زمیں بھی ہو آسماں پیدا

مثالِ اشک کسی کی نظر سے ہم گر کر
مٹے کچھ ایسے کہ اب تک نہیں نشاں پیدا

چمن کے پھول خجل ہیں ہمارے اشکوں سے
یہ رنگ تو نے کیا چشمِ خُوں فشاں پیدا

یہ چاہتا ہوں کہ مٹ کر میں عشق میں عثماںؔ
خضر کی طرح کروں عمرِ جاوداں پیدا

قطعہ

چمن میں کہتا ہے نوروز یہ کیسی بہار آئی — کہ جلنے کے لیے ہر رات کو شمعِ مزار آئی
گلوں کے سامنے کہتی ہے یہ بادِ سحر ہر دم — قفس سے چھوٹ کر بلبل بہت زار و نزار آئی

غزل

جوشِ گریہ پہ اگر دیدۂ گریاں آیا — لوگ سمجھیں گے کہ پھر نوح کا طوفاں آیا
کون ہے جس کو نہیں ہے ترے کشتہ کا قلق — گل بھی تربت پہ کئے چاک گریباں آیا
تیرگی قبر کی میری ہوئی اک دم کافور — بعدِ مردن جو خیالِ رُخِ تاباں آیا
دھجیاں ہو کے اُڑے جوشِ جنوں میں دونوں — ہاتھ آیا مرے دامن نہ گریباں آیا

لائے منکر بھی یقیں دیکھ کے جس کو عثماں
سارے عالم کے لئے خوب یہ قرآں آیا

قطعہ

بن گیا ہے آج افسانہ نیا آئی صدا قید سے بھی بچ گیا ہے کرکے جُرمانہ ادا
گرچہ تھے جام و سُبو لبریز خَمرِ ناب سے بھرتا جاتا ہے مئے رنگیں سے پیمانہ سدا

غزل

چھایا ہے ابر آیا ہے موسم بہار کا ساقی پلا دے جام مئے خُوشگوار کا
آئی جو صبحِ حشر تو اُس سے ملی نجات تھا کس بلا کا طول شبِ انتظار کا
آہ و فغاں کو ضبط کیا آج تک مگر اب دل نہیں رہا ہے مرے اختیار کا
صبر و قرار و ہوش سبھی ہوگئے فنا روشن ہے اک چراغ دلِ داغدار کا

عثماںؔ یہ سربلند ہُوا بعدِ مرگ بھی
اللہ رے حوصلہ مرے مُشتِ غبار کا

قطعہ

عجب مُژدہ ملا بادِ سحَر سے مسرت بھی ملی بیک نظر سے

زمانہ کہتا ہے بے لاگ عثمانؔ ہر اک کو آس ہے تیرے ہی در سے

غزل

حسرتوں کا مرے سینہ میں دفینہ نکلا دل کیا چاک تو داغوں کا خزینہ نکلا

روزنِ دَر سے ترے آنکھ لگا دی ہم نے تلکنے جھانکنے کا خُوب قرینہ نکلا

رنگ لایا جو مرا عشق بہارِ گُل میں رنگِ گُلزار مرا داغوں سے سینہ نکلا

طائرِ وہم بھی اُڑ کر نہ وہاں تک پہنچا بامِ جاناں بھی مگر عرش کا زینہ نکلا

یہیں حاصل ہے مجھے حج و زیارت عثمانؔ

دل میں مکہ مرے سینہ میں مدینہ نکلا

قطعہ

مصائب کو کبھی تو آپ نذرِ آسماں کیجے کبھی تو عشق و الفت کو بھی پیشِ امتحاں کیجے
بُلا کر میکدہ میں واسطے پینے کے اے ساقی کبھی تو زاہدِ ناداں کو اپنا میہماں کیجے

غزل

خوب رُو کرتے ہیں انداز سے مائل اپنا دیکھنا یہ ہے کہ آتا ہے کدھر دل اپنا
داغ کھانے کیلئے سینہ میں اپنے ہے جگر درد کے واسطے پہلو میں بنا دل اپنا
ناخدا کی نہیں حاجت کہ خدا مالک ہے آ ہی پہنچا ہے سفینہ لبِ ساحل اپنا
قدرداں دل کے زمانہ میں بہت ہیں لیکن کیا کریں ہم کہ نہیں دل کسی قابل اپنا

رکھ قدم کوچہ الفت میں سنبھل کر عثماںؔ
آدمی سوچ لے ہر کام میں حاصل اپنا

قطعہ

غریبوں پر کہو دُنیا میں کوئی مہرباں کیوں ہو
جنابِ شیخ کا ساقی بھی دیکھو میزباں کیوں ہو

نہ ہو دَورِ بہاراں جب تو میخانہ میں اے سَاقی
شرابِ ناب محفل میں برنگِ ارغواں کیوں ہو

غزل

دَر پر سرِ نیاز کسی کے جُھکا نہ تھا
اپنی تو سجدہ گاہ ترا آستانہ تھا

مقتل کا اک سماں تھا تری بزمِ ناز میں
تیرِ نگہ کا تیرے مرا دل نشانہ تھا

کیا کیا مزے نصیب تھے فصلِ بہار میں
جس وقت شاخِ گُل پہ مرا آشیانہ تھا

میرا جواب تھا نہ کہیں یار کا جواب
میں عشق میں، وہ حسن و ادا میں یگانہ تھا

عثماںؔ خدا کا فضل تھا اپنے شریکِ حال
تھا بخت ساز گار موافق زمانہ تھا

قطعہ

میری نظروں میں عجب دَیر و حرم آتے ہیں
آج ہاتھوں میں مرے لوح و قلم آتے ہیں

جانبِ ارضِ نجف اور مدینہ عثماںؔ
آنے والے بھی تو کیا تیز قدم آتے ہیں

غزل

دل سے نظارہ کا ارمان نکلنے نہ دیا
جلوۂ یار نے دم بھر بھی سنبھلنے نہ دیا

سختیاں لاکھ سہیں لاکھ مُصیبت جھیلی
حسرتِ دید نے دَر سے ترے ٹلنے نہ دیا

آ گیا غش جو کبھی دیکھ لی صورت تیری
جلوۂ رُخ نے ترے مجھ کو سنبھلنے نہ دیا

ضبط سے کام لیا ہم نے شبِ فرقت میں
دلِ بیتاب کو پہلو بھی بدلنے نہ دیا

دورِ ساغر میں کٹی عمر ہماری عثماںؔ
ہم نے اس پھیر سے گردوں کو نکلنے نہ دیا

قطعہ

دُنیا میں کوئی اپنا کبھی رازداں نہ تھا ۔۔۔ مے پی کے مثلِ شیخِ حرم سرگراں نہ تھا
بادِ بہاری آ کے سجاتی ہے باغ کو ۔۔۔ گلشن میں کوئی پھول بھی وقفِ خزاں نہ تھا

غزل

دستِ قاتل میں اِدھر خنجر چمک کر رہ گیا ۔۔۔ طائرِ بسمل کی صورت دل پھڑک کر رہ گیا
ہجرِ ساقی میں ہوئیں آنکھیں ہماری اشکبار ۔۔۔ ضبطِ گریہ کیا کریں ساغر چھلک کر رہ گیا
ہو سکے تعریف کیا تیری شمیمِ زلفِ یار ۔۔۔ پھول گلشن میں کوئی جیسے مہک کر رہ گیا
یادِ مژگاں نے کیا بیٹھے بٹھائے بیقرار ۔۔۔ دفعتاً اک خارِ غم دل میں کھٹک کر رہ گیا

کوچۂ جاناں کا اے عثمانؔ کہوں میں حال کیا
خضر سا رہبر جہاں رستہ بھٹک کر رہ گیا

قطعہ

ہے جو چہرہ حجاب آلودہ پھول بھی ہے نقاب آلودہ
قابلِ دید ہے بہارِ چمن آج مے سے ہے گلاب آلودہ

غزل

دل کی نہ پوچھ بات وہ دُکھ پا کے رہ گیا اک پھول تھا جو ٹوٹ کے مُرجھا کے رہ گیا
محفل میں بڑھ چلی تھیں ذرا حد سے شوخیاں ظالم سمندِ ناز کو ٹھکرا کے رہ گیا
اُس کا خدنگِ ناز نہ پہنچا رقیب تک میرے ہی دل کو شکر ہے برما کے رہ گیا
مُنہ سے تو ہو سکا نہ سوالِ زکوٰۃِ حُسن حیرت زدہ میں ہاتھ کو پھیلا کے رہ گیا
میں چاہتا ہوں اُن سے کہوں حالِ دل مگر اظہارِ عشق لب پہ مرے آ کے رہ گیا

اُس سے بھی بدنصیب ہے عثماؔں کوئی بھلا
جو شخص ہیر پھیر میں دُنیا کے رہ گیا

قطعہ

مزے لُوٹے ہیں میخواروں نے بھی کیا کیا بہاروں میں
عجب تھی دلکشی پنہاں چمن کے ان نظاروں میں

جنابِ شیخ بھی اب ترک کر کے زُہد و تقوے کو
ہوے ہیں آج شامل کس خوشی سے میگساروں میں

غزل

دلِ وحشی یہ تجھ کو ہوگیا کیا
کسی کی آنکھ نے جادو کیا کیا

ابھی واقف تو ہو لُو دردِ دل سے
سنائیں تم کو اپنا ماجرا کیا

کسی پہلو کسی کروٹ نہیں چین
الٰہی دل کو میرے ہوگیا کیا

مزاجِ یار کیوں بگڑا ہوا ہے
ہمارے دشمنوں نے کہہ دیا کیا

خبر اس کی بھی عثماںؔ کو نہیں ہے
محبت کس کو کہتے ہیں وفا کیا

قطعہ

بن گیا عشق میں جو افسانہ ہُوا لبریز مے سے پیمانہ
جام و مینا و خُم سے اے ساقی رہے آباد تیرا میخانہ

غزل

رقیبوں کا تمہاری انجمن سے دُور ہو جانا یہی ہے بس سوالِ وصل کا منظور ہو جانا
خیال آنے پہ ہے موقوف تیرے روئے روشن کا ہمارے خانۂ تاریک کا پُر نور ہو جانا
چھپا کر زلف میں چہرہ کو اپنے مجھ سے کہتے ہیں کبھی دیکھا ہے تم نے چاند کا مستور ہو جانا
یہ حالت اپنے دل کی ہم سے اب دیکھی نہیں جاتی تڑپنا لوٹنا اور اس طرح مجبور ہو جانا
اسے جو دیکھتا ہے چُور ہو جاتا ہے نشہ میں تماشا ہے تمہاری آنکھ کا مخمور ہو جانا
ذرا تم دیکھ لو ہنس کر ابھی غم بھول جاتا ہے کوئی مشکل نہیں دل کا مرے مسرور ہو جانا

کرو پرہیز اے عشاق یہ سودائے محبت ہے
کہیں تم بھی نہ مجنوں کی طرح مشہور ہو جانا

قطعہ

عجیب نغمۂ عشرت فزا یہ سازمیں ہے
عجیب طرح کی نُدرت کسی کے نازمیں ہے

ہر ایک کر نہیں سکتا ہے اس کا اندازہ
عجیب دلکشی اس چشمِ نیم بازمیں ہے

غزل

ساقی کے تصور میں یوں مست رہا کرنا
ساغر میں مئے گلگوں بھر بھر کے پیا کرنا

بیمارِ محبت سے یہ بے خبری کیسی
کہلاتے مسیحا ہو آیا نہ دوا کرنا

اس عہدِ محبت کو ہم جانتے ہیں پھر بھی
یہ یاد رہے تجھ کو وعدے کا وفا کرنا

یاد آتی ہیں ظالم کی باتیں مجھے رہ رہ کر
سُننا مرے شکوؤں کا اور خوب ہنسا کرنا

تو جانتا ہے اُن کو مطلب کے ہیں یہ عثماں
اغیار سے تو ہر آں ہُشیار رہا کرنا

قطعہ

کلکِ مانی میں روانی آئی کیسے پیری میں جوانی آئی
دل میں ہر پیرِ ودیں کے عثماںؔ عظمتِ سبعِ مثانی آئی

غزل

طبیعت آئی کیا اپنی قیامت کا عذاب آیا کسی پر ٹوٹ کر کیا کیا دلِ خانہ خراب آیا
کہوں کیا حالتِ لیل و نہارِ عالمِ فرقت نہ دن میں مجھ کو چین آیا نہ شب بھر مجھکو خواب آیا
گھٹا سمجھو نہ اس کو بادہ خوار و ہجرِ جاناں میں سرِ گلشن مرا دودِ جگر بن کر سحاب آیا
نشیلی آنکھ سے ہم ہو گئے مدہوش اے ساقی مے ساغر کی حاجت کیا جو وہ مستِ شباب آیا

کسی مہوش کی چشمِ مست کا یہ فیض ہے عثماںؔ
گیا عہدِ تقدس دور میں جامِ شراب آیا

قطعہ

صحنِ گلشن میں یہ گلاب رہے ساغر و جام میں شراب رہے
غیر ممکن ہے پھر پلٹ آئے کیسے پیری میں یہ شباب رہے

غزل

عشق نے سوزِ دروں ازبس نمایاں کر دیا داغِ دل کو غیرتِ مہرِ درخشاں کر دیا
رنگِ وحشت کا ہماری چھا گیا گلزار میں چاک دامن تنگ گلوں نے بھی گریباں کر دیا
صبحِ عشرت اپنی یاں شامِ جدائی ہو گئی زلف کو عارض پہ کیوں تو نے پریشاں کر دیا
اُس کی قدرت کی تو نیرنگی چمن میں دیکھنا گُل کو تو خنداں کیا شبنم کو گریاں کر دیا

شکر اُس کا کس زباں سے کیجئے عثماںؔ ادا
خاک سے جس نے کہ ہم کو شکلِ انساں کر دیا

قطعہ

پانچ حرفوں سے نگینہ بن گیا رفتہ رفتہ دیکھ زینہ بن گیا
خواب گاہِ احمدِ مرسل ہے یہ واسطے دیں کے مدینہ بن گیا

غزل

علیؑ کی معنوی پیغمبری سمجھا تو میں سمجھا وفورِ عشق کی وارفتگی سمجھا تو میں سمجھا
نہیں آساں کہ واقف ہو کوئی اس رازِ پنہاں سے کہ دنیا میں مقامِ آدمی سمجھا تو میں سمجھا
سمجھنے میں صبا قاصر رہی کیا راز ہے اسمیں ہنسی غنچوں کی گلشن میں کوئی سمجھا تو میں سمجھا
عجب ہے نور اُس بابِ خراساں کی تجلی میں شعاعِ شمس کی بھی روشنی سمجھا تو میں سمجھا

مٹا کر آپ کو عثماں یہی کہتا ہے ہر اک سے
کوئی شاہِ نجف کی بندگی سمجھا تو میں سمجھا

قطعہ

مچی ہے دُھوم گلشن میں اِرم کی ہوئی شہرت جہاں میں جامِ جم کی
ہوئی جب مُصحفِ قدسی کی ترقیم تو پھر وقعت بڑھی لوَح و قلم کی

غزل

غیروں سے ارتباط بڑھا ہم سے کم ہُوا یہ کیا ہُوا کہ اور ستم پر ستم ہوا
میں کس زباں سے شکرِ الٰہی ادا کروں مجھ پر مرے کریم کا ہر دم کرم ہوا
نامہ میں شرحِ غم جو لکھی ہم نے یار کو سینہ فگار درد و الم سے قلم ہوا
اب لطفِ زندگی ہے محبت میں یار کی شوقِ وفا مجھے اُسے ذوقِ ستم ہوا

عثماںؔ ازل سے در پہ خدا کے ہے جبہ سا
یہ سر نہیں جو غیر کے سجدے کو خَم ہوا

قطعہ

شیخ عابد ہے بادہ خوار بھی ہے اور بدمست و ہوشیار بھی ہے
سازِ عشرت ہے جام ہے رقصاں باغ میں آج نوبہار بھی ہے

غزل

فرقت میں ہم نے چشم کو خوں بار کر دیا سینہ کو داغِ عشق سے گلزار کر دیا
تکلیفِ جام مے نہ رہی ہم کو ساقیا گردش نے اُس نگاہ کی سرشار کر دیا
آہ و فغاں سکھائی دلِ بیقرار کو آنکھوں کو اپنی ہم نے گہر بار کر دیا
انداز یہ ستم کے تجھے تھے کہاں نصیب میری وفا نے تجھ کو جفا کار کر دیا

عثماںؔ یہ تیرے فہم و خرد کا کرشمہ ہے
طالع کو تیرے آج جو بیدار کر دیا

قطعہ

شعورِ عقل سے میں معنیٔ طٰہٰ سمجھتا ہوں
علیؑ کے واسطے یہ منزلِ اعلیٰ سمجھتا ہوں

ندا آتی ہے کوہِ طور سے کانوں میں یہ پیہم
مَیں اعجازِ کلیم اللہ یدِ بیضا سمجھتا ہوں

غزل

قتل کا مقتل میں ساماں ہوتے ہوتے رہ گیا
اک نیا گنجِ شہیداں ہوتے ہوتے رہ گیا

آتے آتے موسمِ گُل نے جو کچھ تاخیر کی
چاک دامن تا گریباں ہوتے ہوتے رہ گیا

دیکھیئے کب قید سے آزاد ہوں اُن کے اسیر
آج بھی وَا قُفلِ زنداں ہوتے ہوتے رہ گیا

خیر گزری آنکھ سے ٹپکا نہ کوئی اشکِ خوں
آشکارا رازِ پنہاں ہوتے ہوتے رہ گیا

وصل کی اُمید بندھ کر ہوگئی عشاق شکست

اجتماعِ قالب وجاں ہوتے ہوتے رہ گیا

قطعہ

باغ یاں کونسا برباد نہیں جس میں زاری نہیں فریاد نہیں
تنگدستی نے ستم وہ ڈھائے آج کوئی بھی یہاں شاد نہیں

غزل

کام یہ تونے عجب غیرتِ شمشاد کیا داغ لالہ کو دیا سرو کو آزاد کیا
ہچکیاں آنے لگیں کس لیے بیٹھے بیٹھے شاید اُس بھولنے والے نے مجھے یاد کیا
کس ستمگر نے یہ انداز سکھایا تجھ کو ستم و جور و غضب تونے جو ایجاد کیا
دل سے دیتا ہوں دُعا تجھ کو خیالِ جاناں خانہ آباد ترا گھر مرا برباد کیا

حضرتِ عشق کی عشاق میں کروں کیا تعریف
کہ دبستانِ جنوں کا مجھے اُستاد کیا

قطعہ

ہوئی مستی بھی جامِ انگبیں سے چمن مسرور بادِ عنبریں سے
ندا قُلزم کی ہے یہ پیشِ غوّاص صدف پُر تھی عجب دُرِ ثمیں سے

غزل

کہتی ہے فصلِ گُل کہ مزہ ہے شراب کا جلوہ چمن میں آج ہے رنگِ گلاب کا
دُنیا بھی جانتی ہے کہ ہے امرِ واقعی کتنا بلند پایہ ہے یہ بُوترابؑ کا
بیداری میں بھی اصلِ حقیقت کو جان لے حائل ہوا اگرچہ ہے پردہ بھی خواب کا
درکار ہے خرد کہ سمجھ لے نکات کو پردہ پڑا ہے سرِّ خفی پر حجاب کا

آکر یہ پیری کہتی ہے عشاق سے بار بار
اب تو گزر گیا ہے زمانہ شباب کا

قطعہ

دیکھ کر لیلیٰ کے رُخ کو قیس دیوانہ رہا
مَے سے خالی موسمِ گُل میں نہ پیمانہ رہا
کہہ گیا ہے دَورِ ماضی کر کے سجدہ شُکر کا
مرکزِ آرام و عشرت تیرا کاشانہ رہا

غزل

کیا کیا نہ لطف میری شبِ جانگزا میں تھا
سو سو مزے کا درد دلِ مبتلا میں تھا
جس پر پڑی نگاہ وہ تسخیر ہو گیا
جادو بھرا ہوا نگہِ فتنہ زا میں تھا
پامال ہو کے اُڑ گئی خُود ہی ہماری خاک
بدنام ہونا قسمتِ بادِ صبا میں تھا
آہوں سے کچھ کمی نہ ہوی داغِ عشق میں
تھا یہ عجب چراغ کہ روشن ہَوا میں تھا
عثمانؔ بھی شاعری میں بڑا نام کر گیا
گو اک سے اک بڑھا ہُوا خَلقِ خدا میں تھا

قطعہ

ستم کا دور رہا بار بار ہم پر بھی　　نہ پوچھ کیسا تھا یہ روزگار ہم پر بھی
سنائیں کیا تمہیں قصہ زمانِ ماضی کا　　گزر چکے ہیں یہ لیل و نہار ہم پر بھی

غزل

کیا ہے مجھ کو نشانہ جو کج نگاہی کا　　یہ پیش خیمہ ہے ظالم مری تباہی کا
اُمید خاک ہو محشر میں سُرخروئی کی　　ہمیشہ کام کیا ہے جو رُوسیاہی کا
خدنگِ آہ کو رکھتا ہے رُوک کر دل میں　　خیال ہے مجھے افلاک کی تباہی کا
جواب دے چکے صبر و قرار بھی اب تو　　نہ پوچھو حال غریبوں کی بے پناہی کا

خطائیں ہوگئیں معدوم جے سے اے عثماں
گواہ خود ہے خُدا میری بے گناہی کا

قطعہ

جلوہ گردہر میں نو روز ہُوا حق میں ہر ایک کے فیروز ہُوا
شام غربت کی یہی کہتی ہے نیک ساعات کا یہ رُوز ہُوا

غزل

گُل ترے عشق میں ہیں چاک گریباں کیا کیا دیکھ کر تجھ کو ہُوا آئینہ حیراں کیا کیا
چشمِ جاناں کی محبت میں خبر تھی کس کو دل پہ ڈھائیں گی ستم گردشِ دَوراں کیا کیا
یہ ادائیں یہ کرشمے یہ غضب کے انداز نظر آتے ہیں مری جان کے خواہاں کیا کیا
ضبط کی تاب تہہِ خنجرِ قاتل نہ رہی تپشِ دل نے کیا مجھ کو پشیماں کیا کیا

ہوسِ وصل کو تھوڑا نہ سمجھنا عثمانؔ
رنگ دکھلائے گا یہ خوابِ پریشاں کیا کیا

قطعہ

ہزاروں رنگ ہیں رُوئے شفق میں نہیں معلوم کیسا ہے یہ طبق میں
ہزاروں نکتۂ باریک عثماںؔ چھپے رہتے ہیں معنیٔ اَدق میں

غزل

لبِ جاں بخش کا اعجاز مسیحا دیکھا کوئی بیمار نہ ہوتے ہوئے اچھا دیکھا
دل یہ کہتا ہے کہ محروم رہا میں ہیہات جلوۂ یار کا آنکھوں نے تماشا دیکھا
فصلِ گُل میں بھی فسردہ ہی رہا دل اپنا کبھی شاداب نہ یہ نخلِ تمنا دیکھا
دلِ پُرسوز کی اور شمع کی اک حالت ہے اِسے سینہ میں اُسے بزم میں جلتا دیکھا

توڑ کر دل کو جگر میں اُتر آیا عثماںؔ
ناوکِ ناز کا انداز نرالا دیکھا

قطعہ

وقتِ فرقت کا جاں گداز ہے کیا نہیں کھلتا یہ ہم پہ راز ہے کیا
پنج وقتہ نظر ہے ساغر پر شیخ صاحب کی یہ نماز ہے کیا

غزل

مرا سینہ ہے مطلع آفتابِ نورِ عرفاں کا چراغِ طور ہے ہر ذرہ ذرہ اس بیاباں کا

کہاں کی برق کیسا صاعقہ کیا چیز ہے بجلی کوئی دیکھے تڑپنا طالبِ دیدارِ جاناں کا

کہو واعظ سے تجھکو کیا خبر اسرارِ پنہاں کی یدِ بیضا تھا اک ادنیٰ کرشمہ روئے جاناں کا

مری آنکھیں لبِ ساحل جو گوہر بار ہو جائیں تو پھر دریا نہ ہو محتاج ہرگز ابرِ نیساں کا

خدنگِ ناز سے عثماںؔ کا بچنا سخت مشکل ہے

نہیں ممکن ہے ہرگز روکنا شہبازِ پراں کا

قطعہ

وقعت ملی ہے صحن چمن میں گلاب کو
چھوڑا نہ ہاتھ سے کبھی جامِ شراب کو

کرکے بیانِ مصحفِ قدسی یہ دیکھ لے
درجہ ملا ہے آج یہ کیسا کتاب کو

غزل

مے بھی تھی مینا بھی تھا اور ساقیٔ میخانہ تھا
بزم تھی آراستہ اور جلوۂ جانانہ تھا

پھول کھلنے سے ہوا سارا چمن رشکِ جناں
بلبلوں کا اس لئے انداز کچھ مستانہ تھا

بجھ گیا وہ دل کہ جس میں تھا ہجومِ آرزو
گُل ہوی وہ شمع جس کا اک جہاں پروانہ تھا

نکہتِ گل بھی ہوا خواہِ عنادل ہوگئی
اور یگانہ ہوگیا جو سبزۂ بیگانہ تھا

شاہدِ گل پر نہ کیوں وارفتہ ہوتیں بلبلیں
جبکہ خود گلچیں بھی اُس کے حُسن کا دیوانہ تھا

اپنی خوبی پر تھا اتراتا ہر اک غنچہ دہن
قُمریوں کا سَرو سے برتاؤ بیباکانہ تھا

دیکھ کر یہ رنگ عثماںؔ اس طرح گویا ہوا
خواب تھا جو کچھ کہ دیکھا جو سُنا افسانہ تھا

قطعہ

مُرغانِ دام اُڑ کے رہے صحنِ باغ سے
چھلکا ہے آج بادۂ احمر ایاغ سے
کب تک رہے گا رازِ دُروں بھی پسِ نقاب
ہوکر رہے گا فاش تلاشِ وسُراغ سے

غزل

مے پرستی جو کام ہے میرا
ساقی اپنا ہے جام ہے میرا

فصلِ گُل آگئی ہے زاہد کو
دُور ہی سے سلام ہے میرا

ہوں تصور سے میں بلندی پر
عرش بھی ایک بام ہے میرا

سجدہ اک آستاں پہ کرتا ہوں
کام یہ صبح و شام ہے میرا

دادِ حق اِس کو کہتے ہیں عثماں
اک زمانہ میں نام ہے میرا

قطعہ

ہُوئی ہے بام کی رونق بھی خُوب زینے سے
ہُوئی ہے عید کی تقریب بھی قرینہ سے

پسِ زیارت وجہ دیکھ آج اے عثماں
میں ہُو کے آیا ہوں مکہ سے اور مدینہ سے

غزل

میکدہ میں ہر قدم رندانہ تھا
واسطے پینے کے ہر میخانہ تھا

موسمِ گُل میں ہمیشہ ساقیا
ہمرہِ جام و سُبو پیمانہ تھا

کان میں جو گونجتا تھا ہر گھڑی
انقلابِ دَہر کا افسانہ تھا

بہرِ نظارہ یہ کہتا ہے خیال
رُوبرو میرے رُخِ جانانہ تھا

کہتے ہیں ہر ایک سے اہلِ وطن
واقعی عثماں بڑا فرزانہ تھا

قطعہ

مرے دل کو یہ انتظار ہے کیوں
دیر آنے میں اب بہار ہے کیوں

نہیں معلوم کچھ سبب اس کا
دل شب و روز بیقرار ہے کیوں

غزل

میں چشمِ یار دیکھ کے بیمار ہوگیا
بیٹھے بٹھائے جان کا آزار ہوگیا

جب حالِ دل کہا ہے ملا ہے یہی جواب
کچھ اور کہیئے ذکر یہ سو بار ہوگیا

جس پر نظر پڑی تری چشمِ سیاہ کی
پہلو میں چُبھ کے تیرِ نظر پار ہوگیا

پوچھو نہ گرمیاں مرے سوزِ فراق کی
نالہ جو دل سے نکلا شرر بار ہوگیا

مرنا بھی ہجرِ یار میں ہم کو ہوا محال
آساں جسے سمجھتے تھے دشوار ہوگیا

طرزِ خرام نے مجھے دیوانہ کردیا
خود رفتہ دیکھ کر تری رفتار ہوگیا

عثماںؔ تجھے خموش ہی رہنا تھا بزم میں
اظہارِ حال کر کے گنہگار ہوگیا

قطعہ

وُرودِ ماہِ محرم خُوشی کی بات نہیں یہ یومِ آہ و بکا ہے شبِ برات نہیں
پلٹتی جاتی ہے وہ گردشِ فلک کی طرح یہی سبب ہے کہ دنیا کو بھی ثبات نہیں

غزل

میں نے چاہا تھا کہ مرجاؤں تو مرنے نہ دیا کام کوئی دلِ ناکام نے کرنے نہ دیا
رکھ لیا ذوقِ خلش ہی نے چھُپا کر دل میں تیرِ قاتل کو کلیجے میں اُترنے نہ دیا
پھر گیا مُنہ جو ستمگر نے لگائی ٹھوکر سامنے اپنے قیامت کو ٹھہرنے نہ دیا
سخت جانی نے کیا سامنے قاتل کے خجل زخم کھایا کئے ہم جان سے مرنے نہ دیا
آئینہ پھینک دیا یار نے برہم ہو کر سامنے مدِ مقابل کو ٹھہرنے نہ دیا
عمر گزری ہے وہاں سے اُسے آتے جاتے کوئی پیغام کبھی بادِ سحر نے نہ دیا
حسرتیں وصل کی سب دل سے نکلتیں عثماںؔ
اتنا وقفہ بھی ہمیں مرغِ سحر نے نہ دیا

ٹھمری بہ زبان بھاشا

(کہروا)

مورا بانسری بجا کے لیا من رے
(دل)
(انترہ) گنگا کے ساتن جمنا بہت ہے
(برابر)
لوٹ ہی لیا سب تن من رے

غزل

نام کیا خاک ہو جل جانے سے پروانے کا — زندگی نام ہے مر مر کے جئے جانے کا
بزمِ صہبا ہے اُدھر اور اِدھر بزمِ نشاط — سُن لے زاہد کہ نہیں وقت یہ غم کھانے کا
جان جانی ہے کسی طور سے آخر اک دن — نام رکھا ہے نیا تو نے قضا آنے کا
ڈال کر پیچ ہر اک مُو نے گرہ گیر میں آج — بَل نکالا ہے تری زلف نے کیا شانے کا
مستیٔ نرگسِ شہلا کو تو دیکھا واعظ — رنگ بھی دیکھ چھلکتے ہوئے پیمانے کا

کھچ گئی صورتِ اقبال و حشم بھی عثمانؔ
رنگ و روغن ہے نرالا مرے کاشانے کا

قطعہ

کونسا دل ہے جہاں میں جس میں دردِ غم نہیں
دیدۂ نرگس کو دیکھو باغ میں پُرنَم نہیں

دینے والا جس کو چاہے بخشتا ہے بے حساب
جُود میں لطف و عطا میں اُس کے بیش و کم نہیں

غزل

نہ شیفتہ دلِ ناداں ہو گلعذاروں کا
امیدِ وصل میں نکلا ہے دَم ہزاروں کا

جبینِ یار کی افشاں سے صاف ظاہر ہے
قمر کے گرد ہے ہالہ کئی ستاروں کا

تمہارے گیسو و مژگاں عجیب رہزن ہیں
جنھوں نے مار کے چھینا ہے دل ہزاروں کا

خوشی سے سینے میں کیوں دل نہیں سماتا ہے
ابھی تو حال کُھلا ہی نہیں اشاروں کا

چمکتی ہے شبِ ہجراں میں کس لئے اے برق
کہیں نہ صبر پڑے تجھ پہ بیقراروں کا

نگاہِ مہر سے دیکھو ذرا اِدھر بھی کبھی
بُرا ہے حال تمہارے اُمیدواروں کا

الگ ہے سب سے مرا رنگِ مشرب اے عثماںؔ
مُریدِ شیخ کا ہوں مَیں نہ بادہ خواروں کا

قطعہ

مصلحت کیسی نہاں وحدت میں ہے ظاہری وحشت عجب کثرت میں ہے
کہتی ہے بادِ صبا وقتِ خرام خوبیٔ گلہائے تر رنگت میں ہے

غزل

نہ ہوگا عمر بھر جوشِ دلِ پُر درد کم میرا کہ ہے میرا ہی طولِ آرزو طومارِ غم میرا
میں وہ صورت کشِ تصویرِ جاناں ہوں کہ اِک مانی گرا سو مرتبہ جوشِ تحیّر سے قلم میرا
کسی جا بھی نہ چھوڑا دستِ وحشت نے مرا دامن رہا صحرانوردی میں بھی سایہ ہمقدم میرا
یہ آب و تابِ گوئی عشق کی دیکھے دمِ گریہ گُہر بن کر چمک جاتا ہے اشکِ چشمِ نم میرا
تمنائے دلِ عثماںؔ کبھی خالی نہ جائے گی
رہے گا ہو کے پورا ایک دن قصدِ حرم میرا

قطعہ

ہوتی آخر ہے وہی بات جو مقسوم میں ہے
مارنا اور جِلانا یدِ قیوم میں ہے

عقل کہتی ہے زمانہ سے مخاطب ہوکر
سازش و فتنہ گری حرکتِ مذموم میں ہے

غزل

وجہِ عشرت جامِ صہبا ہوگیا
میکشوں کا نام رُسوا ہوگیا

عشقِ لیلیٰ میں جو مر مر کر جیا
قیس کو بھی غم گوارا ہوگیا

دیکھ کر بلبل پریشاں ہوگئی
جب گلوں کا رنگ پھیکا ہوگیا

روشنی دے گا شبِ تاریک میں
آسماں پر جب ستارا ہوگیا

کہتا ہے عثماں یہی صبح و مسا
فضلِ رب سے کام اپنا ہوگیا

قطعہ

بلبلوں کو مژدۂ فصلِ بہار آنے لگا رُوئے گُل پر اور غنچوں پر نکھار آنے لگا
کہتی ہے بادِ صبا گلشن میں اترائی ہوئی سبزہ زاروں سے ہر اک دل کو قرار آنے لگا

غزل

وہ پاس تھے تو مرا حال یُوں خراب نہ تھا تڑپ جگر میں نہ تھی دل میں اضطراب نہ تھا
ہزار وصل کا اُن سے کیا سوال مگر نہیں نہیں کے سوا اور کچھ جواب نہ تھا
ستا کے عشق میں کیا تجھ کو مل گیا ظالم ہمارے دل کا دُکھانا کوئی ثواب نہ تھا
یہ حُسن و عشق میں اچھی مناسبت دیکھی مرا وفا میں، جفا میں ترا جواب نہ تھا

خدا کے فضل نے بخشا وگرنہ اے عثماںؔ
مرے گناہوں کی کچھ حد نہ تھی حساب نہ تھا

قطعہ

گلوں کا رنگ عجب آج گلعذار میں تھا وجودِ سبزۂ خوابیدہ مرغزار میں تھا
وُرودِ بادِ بہاری سے جسم گیا نقشہ خرامِ نازِ صبا دامنِ بہار میں تھا

غزل

ہماری بات پہ ہردم تجھے حجاب رہا دلِ طپیدہ سدا طالبِ جواب رہا
جو آب و تاب ترے رُخ میں ہے کہاں آئیں عجب نہیں کہ خجل تجھ سے آفتاب رہا
عجب طرح کا تلاطم تھا ہجرِ جاناں میں کہ مثلِ ماہی بے آب اضطراب رہا
شبِ وصال ہوئی اس طرح سے مے نوشی کہ شیشے میں نہ کوئی قطرۂ شراب رہا
الٰہی شکر ترا کس طرح کرے عثماں
ہمیشہ وہ تری رحمت سے کامیاب رہا

قطعہ

ابرِ نیساں کے برسنے سے جو یہ گوہر بنا کہتی جاتی ہے صدف بھی یہ دُرِ برتر بنا
یہ شمیمِ گُل ندا کرتی ہے صحنِ باغ میں مشک کے بھی ساتھ دیکھو عنبرِ اذفر بنا

غزل

یہ اگر آئینۂ صورتِ جاناں ہوتا لاکھ میں ایک ہمارا دلِ حیراں ہوتا
چارہ سازی کی مسیحا سے توقّع ہوتی درد میرا جو کبھی قابلِ درماں ہوتا
ہونے دیتے نہ کبھی عشق کی ہم پردہ دری کاش قابو میں ہمارے دلِ نالاں ہوتا
خیر گزری کہ ہُوی صبح کی آمد ورنہ فیصلہ آج ہمارا شبِ ہجراں ہوتا

آگ ہم بھی دلِ گردوں میں لگاتے عثماںؔ
نالۂ دل جو ہمارا شرر افشاں ہوتا

قطعہ

طیور آج گلستاں کو بے نقاب چلے　　دکھا کے طاقتِ پرواز کیا شتاب چلے
رباب وچنگ سے آتی ہے یہ صدا عثماںؔ　　کہ آج دَور میں جامِ شرابِ ناب چلے

غزل

یہ کیا معنی کہ اک اک بات پر بیزار ہو جانا　　کہیں اے دل نہ تصویرِ مزاجِ یار ہو جانا
خلش دل میں خدنگِ عشق والفت کی نہ ہو جب تک　　بہت مشکل ہے قربانِ نگاہِ یار ہو جانا
عجب کیا ہے کہ برپا حشر سے پہلے قیامت ہو　　ستم ہے تیرا محوِ شوخیٔ رفتار ہو جانا
کبھی منت کشِ جام و سبو ہونے نہیں دیتا　　نگاہِ مست ساقی سے مرا سرشار ہو جانا

مزے میں ہیں وہی آزاد مشرب ہیں جو اے عثماںؔ
غضب ہے پائے بندِ سبحہ و زُنار ہو جانا

قطعہ

نگاہِ ناز جادو ہے فسوں ہے
ہمارے واسطے اچھا شگوں ہے

علیؑ کے روضۂ اقدس کے آگے
سرِ عثمانؔ ہمیشہ سرنگوں ہے

غزل

پھر آتشِ دروں مری شعلہ فشاں ہے اب
پھر آشکار ہونے کو سوزِ نہاں ہے اب

گلچیں کا خوف دہشتِ صیاد دمبدم
گل کے لئے بہار بھی فصلِ خزاں ہے اب

جور و جفا میں کوچۂ قاتل کی دھوم ہے
یہ سرزمیں بھی رشکِ دہِ آسماں ہے اب

گھیرے ہوئے ہے حسرت و اندوہ کا ہجوم
پھر میں ہوں اور غم کی وہی داستاں ہے اب

عثمانؔ وہ دل وہ دِن کا تقاضا نہیں رہا
وہ جوش اب کہاں وہ طبیعت کہاں ہے اب

قطعہ

ہمیشہ گُل ہے وابستہ چمن سے ادھر عنبر بھی ہے مشکِ ختن سے
نہیں ممکن کہ چھوٹے دیکھ عثماںؔ محبّت ہوگئی مُلکِ دکن سے

غزل

نالوں نے ایسی دُھوم مچائی تمام رات دیتا رہا فلک بھی دُہائی تمام رات
شامِ فراقِ یار میں سونے کا ذکر کیا یاں خواب میں بھی نیند نہ آئی تمام رات
آئینہ رکھ کے سامنے محوِ ادا رہے ہم سے ذرا نہ آنکھ ملائی تمام رات
رکھا کسی کی یاد نے تا صبح بیقرار رہ رہ کے دل میں آگ لگائی تمام رات

عثماںؔ عجیب نُور فشاں تھی شبِ برات
آئی نظر خُدا کی خُدائی تمام رات

قطعہ

ہُوا ہے کس طرح ابتر یہ دنیا کا نظام اکثر
ہُوا بادِ صبا کا باغ میں دیکھو خرام اکثر

مناسک حج کے کہتے ہیں یہی عثماںؔ سنو تم بھی
نظر میں پھر گیا ہے آج کل بیتُ الحرام اکثر

غزل

آیا ہے گُل کا رنگ بھی رُوئے صبا پہ آج
تاثیر ہوتی جاتی ہے قرباں دوا پہ آج

جملہ امور میں بھی جہاں کے نرے ہے نصیب
کامل بھروسہ ہم کو ہے ذاتِ خدا پہ آج

غازہ بھی رُوئے خوب کا گل کی طرح دیکھ
قربان ہوتا جاتا ہے دستِ حنا پہ آج

تا عمر ہم رہیں گے وفادارِ اہلِ حق
تکیہ کیا ہے ہم نے بھی دیکھو دعا پہ آج

عثماںؔ جو اپنے عہد پہ قائم تھا عمر بھر
نازاں ہے جان و دل سے وہ عہدِ وفا پہ آج

قطعہ

بُجھ کر رہی ہے پیاس مری سَلسبیل سے
پانی اگرچہ بہتا رہا رُودِ نیل سے

خُوبی بھی ساتھ ساتھ ہے تشریح کیلئے
باقی رہی نہ بحث کثیر و قلیل سے

غزل

کل خزاں ہوگی گو بہار ہے آج
یہی گلزار میں پکار ہے آج

کِھل رہے ہیں جو پھول زخموں کے
یہ نئی طرح کی بہار ہے آج

نہیں ثابت کہ کیا ہُوا دل کو
مثلِ سیماب بیقرار ہے آج

آنکھ جھپکے یہ غیر ممکن ہے
وصل کا دل کو انتظار ہے آج

یار کا رنگ دیکھ اے عثمان
چشمِ بَد دُور کیا خمار ہے آج

قطعہ

کوئی سُن لے یہ ماجرا ہم سے غیر ہو یا ہو آشنا ہم سے
روزِ محشر کا خوف ہے دل میں پُوچھتا کیا وہاں خُدا ہم سے

غزل

ابر ہی گریاں نہیں ہے اشکباری دیکھ کر برق بھی مضطر ہے دل کی بیقراری دیکھ کر
شکوۂ جور و جفا ہم کیا کریں کیوں کر کریں یاد کچھ رہتا نہیں صورت تمہاری دیکھ کر
چشمِ نرگس بھی ہے حیراں کیا ملائے گی نظر تیری چشمِ مست کی یہ ہوشیاری دیکھ کر
گھونٹ پیتے ہیں لہو کے زاہدانِ خشک بھی جُرعہ جُرعہ میکشوں کی بادہ خواری دیکھ کر

انقلابِ دہر سے عشاق تو کیا واقف نہیں
کر ہر اک سے راہ و رسمِ دوستداری دیکھ کر

قطعہ

حَذر لازم ہے یاں صہبائے تر سے
کہ اُڑتے ہوش ہیں اُس کے اثر سے

جہاں ہر ذی خرد سے کہہ رہا ہے
خُدا محفوظ رکھے اہلِ شَر سے

غزل

عشق کرنا ہے تو گریہ میں اثر پیدا کر
معدنِ چشم سے یاقوت و گُہر پیدا کر

آبِ خنجر سے جو سیراب تجھے ہونا ہے
سوزِ دل۔سوزِ گلو۔سوزِ جگر پیدا کر

حاصلِ گلشنِ اُمید مَیں سمجھوں جس کو
نخلِ الفت میں الٰہی وہ ثمر پیدا کر

چشمِ عالَم میں چکاچوند کا عالم کردے
ذرّہ ذرّہ سے نئے شمس و قمر پیدا کر

کیا غرض ہے تجھے سودائے جہاں سے عثماںؔ
پاؤں بن جائے وہی رہ میں وہ سَر پیدا کر

قطعہ

فائدہ کچھ نہیں اس طرح کی حیرانی سے
غش جو موسیٰ ہوے جلووں کی فراوانی سے

آج تک مہرِ درخشانِ فلک کا عثماںؔ
حُسن بھی بڑھ نہ سکا یوسفِ کنعانی سے

غزل

نہ ہر دم وار ظالم ہم پہ تو کر
کبھی تو زخمِ دل کو بھی رفو کر

ہمیں جو بے وفا کہتا ہے ظالم
زباں سے تو نہ ایسی گفتگو کر

ذرا تو سوچ یہ وعدہ کی شب ہے
حنا مل کر نہ خونِ آرزو کر

سیہ ہے نامۂ اعمال اے دل
بہا کر اشک اس کی شست و شو کر

تقاضا ہے مری ہمت کا عثماںؔ
کہ کارِ خیر کی تو جستجو کر

قطعہ

نقش ہے دَر پہ ترے میری جبیں سائی کا — امتحاں ہے یہ مری حوصلہ افزائی کا
صحنِ گلشن میں عنادل کی زباں پر ہے یہی — خُوب موقع یہ ملا پھولوں سے یکجائی کا

غزل

فتنے ہوے ہیں خواب سے بیدار آج کل — بدلی ہوی ہے چرخ کی رفتار آج کل
کیسی ہَوا پھری چمنِ روزگار کی — دلدار ہوگئے ہیں دل آزار آج کل
مستی بھری ہوی ہے ہَوا میں بہار کی — ہو جائیں شیخ جی بھی نہ میخوار آج کل
رنج والم کا جوش ہے حرماں کا ہے وفور — ہم زندگی سے کیوں نہ ہوں بیزار آج کل

عثماں تمہارے حال پہ صادق ہے یہ مَثل
ہے اک انار سینکڑوں بیمار آج کل

قطعہ

مَے سے لبریز ہے سبو کیسا آج بادہ سے یہ وضو کیسا
قابلِ دید ہے بہار کے ساتھ اِک تماشہ ہے نزدِ جو کیسا

غزل

گئی بہار کب آئی خزاں نہیں معلوم کدھر چمن ہے کِدھر آشیاں نہیں معلوم
ہمارے دم سے ہے رونق ترے گُلستاں کی ہماری قدر تجھے باغباں نہیں معلوم
وہ مِٹ گیا ہے کچھ ایسا تری محبت میں کہ دل کا نام سُنا ہے نشاں نہیں معلوم
کچھ ایسے ہو گئے خاموش دیکھ کر اُن کو کہ مُنہ میں رکھتے ہیں ہم بھی زباں نہیں معلوم

ستا رہا ہے جو عشاق کو اِس قدر ظالم
اثر فغاں کا تجھے آسماں نہیں معلوم

قطعہ

بہار آتے ہی رنگِ گلاب تھا کیسا نظر فروز چمن کا شباب تھا کیسا
کھُلی جو آنکھ تو عثماںؔ ہُوا یہ راز عیاں پئے امورِ جہاں دیکھ خواب تھا کیسا

غزل

رُوئے بیٹھے ہیں اب اپنے دلِ ناکام کو ہم تھا نہ معلوم کہ پہنچیں گے اِس انجام کو ہم
کیا سمجھ کر ہمیں کرتا ہے نصیحت ناصح خُوب دیکھے ہوئے ہیں گردشِ ایام کو ہم
کیوں نہ آنکھوں سے لگائیں ہم اسے اے ساقی چشمِ معشوق سمجھتے ہیں ترے جام کو ہم
یاد جو کچھ تھا ہمیں عشق میں سب بھول گئے رکھتے ہیں وردِ زباں ایک ترے نام کو ہم

حالتِ بیخودیٔ شوق نہ پُوچھو عثماںؔ
عشق میں بھول گئے ہیں سحر و شام کو ہم

قطعہ

عنادل جانتے ہیں خوب میرے آہ و شیون کو گُل و غنچے سے قدرت نے سنوارا میرے گلشن کو
اسی کے واسطے ہوتا نہیں ہرگز جدا دیکھو سمجھتا ہے ہر اک دانہ بھی دامن میرے خرمن کو

غزل

اثر پیدا ہُوا کس کی فغاں میں تلاطم ہے زمین و آسماں میں
میں اُمیدِ مسیحا پر ہوں زندہ وگرنہ کیا ہے جانِ ناتواں میں
حقیقت کھول کر اک دن رہیں گے وہ آنسو جو ہیں چشمِ رازداں میں
مزے ملتے رہیں دونوں کے صیّاد قفس بھی لا کے رکھ دے آشیاں میں
جرس کے بھی جو اُٹھ کر ہوش کھودیں وہ نغمے ہیں مرے سازِ فغاں میں
ہزاروں خوبرو دیکھے ہیں لیکن جواب اُن کا کہاں سارے جہاں میں

رہِ طیبہ میں گرتے پڑتے عثماںؔ
چلا جاتا ہوں گردِ کارواں میں

قطعہ

دکھاتا جلوہ اگر کوئی گلعذار اپنا   تو ہوتا جامۂ ہستی یہ تارتار اپنا
کسی کے چہرۂ زیبا کو دیکھ کر عثماںؔ   ہُوا ہے قلبِ حزیں آج بیقرار اپنا

غزل

پھُول ہے ایسا شگفتہ جو گُلستاں میں نہیں   شمع ہے ایسی فروزاں جو شبستاں میں نہیں
یہ نمائش کی ہیں چیزیں کہ نہیں جن کو ثبات   کیسی الفت ہے جو پیوست رگِ جاں میں نہیں
کہتا ہے دَورِ جہاں آج بدل کر خود کو   کوئی بتلادے وہ ہے کون جو نقصاں میں نہیں
سب ہی مطلب کے ہیں بندے چمنِ عالم میں   آج وہ جوشِ عقیدت بھی ثناخواں میں نہیں
شرحِ اوصافِ علیؑ سے جو ہو خالی عثماںؔ
ایسی آیت کوئی سیپارۂ فُرقاں میں نہیں

قطعہ

کسی صورت مرے دل کی پریشانی نہیں جاتی
جنابِ شیخ کی حمد و ثنا خوانی نہیں جاتی

چمن میں رنگِ گُل کو دیکھ کر گلچیں یہ کہتا ہے
عنادل کی گلستاں سے گُل فشانی نہیں جاتی

غزل

ترنم سنج ہیں بلبل ہمارے لب پہ نالے ہیں
بہار آئی ہے گلشن میں ہیں جینے کے لالے ہیں

کِھلے جب غنچہ و گل آمدِ فصلِ بہاری سے
چمن میں پھر عنادل نے بھی کیا کیا پر نکالے ہیں

سُلجھتی ہی نہیں گتھی ہمارے بختِ خُفتہ کی
تری زُلفِ سیہ نے بھی بلا کے پیچ ڈالے ہیں

تم اپنے گوشۂ دل میں انھیں رکھنا حفاظت سے
ہمارے دل جگر دونوں بہت نازوں کے پالے ہیں

سلامت کیا رہیں گے نشترِ غم سے یہ اے عثماںؔ
حباب آسا بہت نازک ہمارے دل کے چھالے ہیں

قطعہ

سحر ہو گئی ختم شب ہو گئی — فنا بزمِ عیش و طرب ہو گئی
یہ فتوے کا انجام آخر ہوا — کہ بدنام بنتُ العنب ہو گئی

غزل

تری نظر سے تر امدعا سمجھتے ہیں — نظر شناس تری ہر ادا سمجھتے ہیں

یہ تاک جھانک ہے سب تیری دل کے لینے کی — ترے اشارے ہم اے دلربا سمجھتے ہیں

گِلہ ستم کا ہے ہم کو نہ جَور کا شکوہ — تری جفا کو بھی ہم تو وفا سمجھتے ہیں

جہاں کہ شغل نہ ہو دورِ مے پرستی کا — ہم ایسی بزم کو بزمِ عزا سمجھتے ہیں

کسی سے دل جو لگا ہو تو سمجھیں اے عثمانؔ
ہمارے دل کی لگی کو وہ کیا سمجھتے ہیں

قطعہ

دل کو ہمارے عشق سے وابستگی رہی		ہر چند آفتوں سے بہت آگہی رہی
مر مر کے جی کے ہم نے گزاری ہے ساری عمر		آفاتِ روزگار میں یہ زندگی رہی

غزل

تڑپنا لوٹنا آتا نہیں مجھ کو وہ بسمل ہوں		تہِ خنجر گلا ہے اور محوِ روئے قاتل ہوں
ابھی خنجر کو کیوں روکا ابھی سر ہاتھ کیوں کھینچا		تڑپتا ہوں میں اے قاتل ابھی تو نیم بسمل ہوں
کچھ اس انداز سے تلوار کھینچی ہے ستمگر نے		تمنا ہے یہ ہر مشتاق کی میں پہلے بسمل ہوں
خبر لوں کیا کسی کی نشۂ الفت میں اے ناصح		نہیں اپنی خبر مجھ کو وہ بیخود ہوں وہ غافل ہوں

مجھے شاہد پرستی سے نہیں انکار اے عثماںؔ
نہ عابد ہوں نہ زاہد ہوں نہ عالم ہوں نہ فاضل ہوں

قطعہ

جہاز غرق ہُوا جب قریب ساحل کے
تو پست ہو گئے افسوس حوصلے دل کے

نشاط و عیش کا ملتا نہیں پتہ عثمانؔ
خموش ہو گئے سارے چراغ محفل کے

غزل

جلوے عجب بہار میں سرو و سمن کے ہیں
سب مرغ محوِ سیرِ بہارِ چمن کے ہیں

پژمردگی سے ان کی یہ ثابت ہوا ہمیں
غنچے بھی شیفتہ کسی غُنچہ دہن کے ہیں

کیا اُن کو صدمہ ہائے قیامت کا خوف ہو
عادی جو تیرے ظلم کے رنج و محن کے ہیں

محشر خرام اور بھی معشوق ہیں مگر
انداز کب کسی میں تمہارے چلن کے ہیں

کیا خوف ہم کو پرسشِ روزِ حساب سے
عثمانؔ ازل سے دستِ نگر پنجتنؑ کے ہیں

قطعہ

پھول کو بُوستاں ملے نہ ملے
واسطے تن کے جاں ملے نہ ملے

جامِ گلرنگ کو بہاروں میں
بادۂ ارغواں ملے نہ ملے

غزل

جو پھر رہا ہے کوئی گلعذار آنکھوں میں
نہ پوچھئے کہ ہے کیسی بہار آنکھوں میں

بسر ہوی ہے تری رات کس کی محفل میں
یہ نیند کا ہے جو ابتک خُمار آنکھوں میں

کسی نے دستِ حنائی سے پونچھ کر آنسو
لگا دی آگ مری اشکبار آنکھوں میں

جو نیند آئے بھی شب کو تو کس طرح آئے
جما ہوا ہے ترا انتظار آنکھوں میں

نگاہ پڑتی ہے سب کی تمہیں پہ اے عثماںؔ
ہے ایک شکل تمہاری ہزار آنکھوں میں

قطعہ

جہاں میں آخرش دیکھو سزا بھی ملکے رہتی ہر   لعینوں سے ذرا دیکھو قضا بھی مل کر رہتی ہے
بَدَل بھی مل ہی جائیگا کسی دن کہتا ہر عثماںؔ   دعا کے ساتھ تائیدِ خدا بھی مل کے رہتی ہے

غزل

رُخِ روشن کا ہے جواب کہاں   تو کہاں اور آفتاب کہاں
اِک نَفَس پر ہے زندگی موقوف   بحرِ ہستی میں پھر حباب کہاں
خُونِ دل پی رہا ہوں میں ساقی   میرے حصّہ میں ہے شراب کہاں
برق میں بھی تڑپ ہے گو لیکن   میرے دل کا سا اضطراب کہاں

عیش کے دن ہیں مُغتنم عثماںؔ
جا کے آتا ہے پھر شباب کہاں

قطعہ

ہماری قبر کا دیکھو نشاں یہ بن کے رہا — برائے سجدہ بھی اک آستاں یہ بن کے رہا
زمانہ کیوں نہ کرے ناز اس پہ اے عثماںؔ — خوشا کہ مرکزِ صد عزّ و شاں یہ بن کے رہا

غزل

رسا اس قدر میرے نالے ہوئے ہیں — کہ ہاتھوں سے وہ دل سنبھالے ہوئے ہیں
پشیمان ہیں سخت جانی سے بسمل — گریباں میں سَر اپنا ڈالے ہوئے ہیں
عجب کیا جو ہو چال سے حشر برپا — تمہارے چلن اب نرالے ہوئے ہیں
سنبھالے سنبھلتا نہ بیمارِ فرقت — مگر تیرے وعدے سنبھالے ہوئے ہیں

لگائے رکھوں کیوں نہ سینے سے عثماںؔ

مرے داغ نازوں کے پالے ہوئے ہیں

قطعہ

پھول گلزار میں خوب آج نکھرتے ہی رہے
موتی نکلے جو صدف سے تو بکھرتے ہی رہے

چل گئے باغ میں جب تند ہوا کے جھونکے
داغِ دل مثلِ گلِ لالہ اُبھرتے ہی رہے

غزل

سر جھکائے ہوئے ہو مجلس میں
شرم کتنی ہے چشمِ نرگس میں

کوئی جانباز خود غرض کوئی
میری جاں عاشقوں کی ہیں قسمیں

خود جفا و وفا پہ غور کرو
اُس میں کچھ فائدہ ہے یا اس میں

آنکھ لیتی ہے دل کہ زلفِ رسا
دیکھیں زائد کشش ہے یہ کس میں

تیری امداد جو کرے عثماںؔ
اتنی قوت ہے بجز خدا کس میں

قطعہ

عجب تصویر کی رنگت بڑھا دی
دلوں میں اور بھی عظمت بڑھا دی

عُلومِ مشرقی کی آج عثماںؔ
توجہ نے تری وقعت بڑھا دی

غزل

سوزِ دل سے صفتِ سروِ چراغاں ہوں میں
داغ کے گل وہ کھلے ہیں کہ گلستاں ہوں میں

واں کھلیں شانے پہ اوریاں اُتر آئیں دل میں
تیری زلفوں کی درازی سے پریشاں ہوں میں

ذوقِ ایذا طلبی باعثِ راحت ہے مجھے
درد خود اُٹھ کے یہ کہتا ہے کہ درماں ہوں میں

اک نظر دیکھ لے اے خانہ برانداز شکیب
دیر سے منتظرِ جنبشِ مژگاں ہوں میں

یہ تو کہیئے کہ ٹپک جاتے ہیں آنسو ورنہ
انھیں قطروں کو کروں جمع تو طوفاں ہوں میں

غیر کو مدِ نظر کیوں ہے اُٹھانا میرا
نہ تو چلمن نہ نقابِ رُخِ جاناں ہوں میں

دور پر دور ہیں عثماںؔ مے گلگوں کے مدام
شرم آتی نہیں کہتے ہو مسلماں ہوں میں

قطعہ

راس کچھ آئی نہیں یہ بے پروبالی مجھے
دے رہی ہے آج دھوکا ایک اک ڈالی مجھے

کیا کہوں میں اس جہاں کے ہیں تماشے کچھ عجیب
جو نظر آنے لگی ہر اک فضا خالی مجھے

غزل

سینے میں داغِ تازہ جو رنج و محن کے ہیں
یہ بھی تو شعبدے اسی چرخِ کُہن کے ہیں

واعظ نہ پوچھ حال ہمارا بہار میں
ممنون لطفِ ساقیٔ توبہ شکن کے ہیں

نازاں نہ ہو بہار پہ گل کہتی ہے خزاں
دو چار روز اور یہ جلوے چمن کے ہیں

کس شعلہ رُو کی یاد نے بے چین کر دیا
انداز آج کچھ نئے دل کی جلن کے ہیں

عثماںؔ ہمارا رنگ بدلتا کبھی نہیں
پابند اپنی وضع کے اپنے چلن کے ہیں

قطعہ

پاکئ آبِ رواں کیا چشمۂ زمزم میں ہے
خوبئ گلزار ساری سُنبلِ پُر خم میں ہے

دیکھنے کے واسطے چشمِ تجسّس چاہیئے
ساری دُنیا کا تماشا ایک جامِ جم میں ہے

غزل

شرمندگی شریک رہے جو گُناہ میں
مقبول ہے خدا کی وہی بارگاہ میں

جب دوستی ہو پاس محبّت کا چاہیئے
تعریف یہ ہے فرق نہ آئے نباہ میں

اے چشمِ شوق تو نے کیا مبتلائے عشق
پکڑے گئے ہیں مُفت پرائے گناہ میں

دکھلا کے اک جھلک مجھے رُوپوش ہوگئے
اس طرح آئے جیسے نہ آئے نگاہ میں

عثماںؔ نجات کے لئے اتنا رہے خیال

اعمالِ نیک بھی رہیں فردِ گناہ میں

قطعہ

سر پہ موتی کا تاج ہے دیکھو　　عیش و عشرت کا راج ہے دیکھو
جشن عیدِ نہم کا ہے عثماںؔ　　دھوم کیسی یہ آج ہے دیکھو

غزل

شفق جو مے ہے تو کب ساغر آفتاب نہیں　　یہ کون کہتا ہے گردوں خُمِ شراب نہیں
برس رہا ہے جو ہجراں میں روز و شب یکساں　　ہماری چشم کا بادل ہے یہ سحاب نہیں
غضب ہے شرم سے انکار اور پھر اقرار　　جفا سے کم یہ ستمگر ترا حجاب نہیں
یہ مے کی جلوہ گری کہتی ہے کہ ساقی نے　　پری اُتاری ہے شیشہ میں یہ شراب نہیں

یہ خطِ ساغرِ مے سے عیاں ہے اے عثماںؔ
اصولِ مشربِ پیرِ مغاں خراب نہیں

قطعہ

اگر بندہ ہے تو ربِّ عُلا کا تو کلمہ پڑھ محمد مصطفیٰ کا
ہر اک مشکل تری آسان ہوگی تو دامن تھام لے مشکلکشا کا

غزل

عکسِ رُخِ نگاہ ہے جامِ شراب میں ہے آفتاب جلوہ نُما آفتاب میں
رخسار و چشمِ یار کی تصویر دیکھنا نرگس کے پھول باندھئے ہیں گلاب میں
زیرِ نقاب دیکھئے شوخی نگاہ کی اِک برق ہے کہ کوندر ہی ہے سحاب میں
چھوڑے گا دستِ شوق نہ رُخ پر ترے نقاب رہنے نہ دے گا دل مرا تجھ کو حجاب میں

عثماںؔ ہو میکشی تو ندامت کے ساتھ ہو
کچھ تو کمی ہو روزِ قیامت عذاب میں

قطعہ

پیری کا دَور آہ جوانی کا خواب تھا چھلکا ہُوا سا کوئی یہ جامِ شراب تھا
پوچھو نہ ہم سے قصّہ ماضی یہ جان لو پُر سَر خوشی سے دامنِ عہدِ شباب تھا

غزل

قصہ طویل عشق کا ہے مختصر کہاں جا کر لڑی ہے آج یہ میری نظر کہاں
خطرات اور خوف کا احساس کر کے آج دل اپنا ہوشیار ہے یہ بے خبر کہاں
زاہد بھی محتسب بھی خطیب و فقیہ بھی پی کر پڑے ہیں راہ میں صہبائے تر کہاں
دامن کو چاک کر کے یہ کہتی ہے فصلِ گل دَورِ خزاں میں پھُول کہاں و ثمر کہاں

آ کر رہے گی دارِ فنا میں یہ ایک دن
ہر اک بشر کو موت سے عثمانؔ مفر کہاں

قطعہ

خُوش خرامی بہار کرتی ہے رنگِ گُل پر نثار کرتی ہے
عادتِ مَے ہمیشہ اے عثمانؔ قلب کو بیقرار کرتی ہے

غزل

کبھی تھی جلوۂ رُخ کی بہار آنکھوں میں ہے اب تو حسرتِ دیدارِ یار آنکھوں میں
ادا کے دیکھنے والے بھی کیا مُصوّر ہیں اُتار لیتے ہیں تصویرِ یار آنکھوں میں
جدھر نگاہ کروں شکلِ یار آئے نظر اثر یہ دے مرے پروردگار آنکھوں میں
خیال و خواب ہے سونا فراقِ جاناں میں گزر رہی ہے شبِ انتظار آنکھوں میں

نظر میں ہیں جو رُخ و زلفِ یار اے عثمانؔ
عجیب جلوے ہیں لیل و نہار آنکھوں میں

قطعہ

گلوں کا رنگ جو نکھرا یہ مرغزار میں ہے
ادھر بھی نرگسِ شہلا عجب سنگار میں ہے

چمن میں بادِ صبا چل رہی ہے اِٹھلاتی
عجیب رنگِ چمن آمدِ بہار میں ہے

غزل

کوچۂ یار سے جب عزمِ سفر کرتا ہوں
در و دیوار پہ حسرت سے نظر کرتا ہوں

خرمنِ جاں پہ مبادا کہ گرے برقِ جمال
ڈرتے ڈرتے میں ترے رُخ پہ نظر کرتا ہوں

وصل کی رات گزرتے ہی گریباں اپنا
چاک مانندِ گریباں میں سحر کرتا ہوں

گر محبت کا یہ اعجاز نہیں پھر کیا ہے
ہجرِ جاناں میں جو مر مر کے بسر کرتا ہوں

سختیاں دہر کی سہنے کے لئے اے عثماںؔ
دل جو آہن کا تو پتھر کا جگر کرتا ہوں

قطعہ

چراغ، صبح کو محفل میں ہوگیا خاموش　　شراب پی کے اُدھر رند ہو گئے بیہوش
شُبک یہ ہو نہیں سکتا ہے تا دمِ محشر　　سبب یہ ہے کہ گناہوں کا بار ہے بردوش

غزل

کیونکر شریک ہو کوئی حالِ تباہ میں　　فریاد میں اثر ہے نہ تاثیر آہ میں
شوخی بھی ہے ادا بھی ہے شرم و حجاب بھی　　کیا کیا بھرے ہیں سحر تمہاری نگاہ میں
چھوڑے گی ساتھ گردشِ تقدیر کس طرح　　وہ بھی شریک ہے مرے حالِ تباہ میں
ناز و ادا سے آپ کا آنا تو دیکھئے　　تعظیم کو کھڑی ہے قیامت بھی راہ میں

عثماںؔ سا کون ہوگا جہاں میں گناہگار
جس نے تمام عمر گزاری گناہ میں

قطعہ

بیمارِ محبت کا جو نذرِ اجل ہو گا
کاکل کے سنورنے میں شاید کوئی بَل ہو گا

انکار جو کرتا ہے پینے سے مئے رنگیں
زاہد کی سمجھ میں بھی شائد کہ خلل ہو گا

غزل

گلوں کو مُژدہ چمن میں وہ آج آتے ہیں
کہ نخلِ گُل پئے تعظیم سَر جھکاتے ہیں

نہ جانتے تھے کہ رُسوا کریں گے یہ ہم کو
خدا کی شان اب آنسو بھی رنگ لاتے ہیں

نیا یہ ڈھنگ نکالا مری عیادت کا
وہ دیکھ کر مرے زخموں کو مُسکراتے ہیں

یہ حوصلہ، یہ کلیجا، یہ دل ہمارا ہے
کہ بارِ عشق تمہارا ہمیں اُٹھاتے ہیں

یہ جشن وہ ہے کہ دشمن بھی کہتے ہیں عثماں
کہ ہم بھی سالگرہ کی خوشی مناتے ہیں

قطعہ

میری مدد کے واسطے دستِ خدا ہوا
عقدہ کشائی کے لئے مشکلکشا ہوا

پیشِ حریم کعبہ یہ ہاتف نے دی صدا
مقصد کے واسطے بھی تو دستِ دُعا ہوا

غزل

مَے گُلرنگ کی ہے جلوہ گری شیشے میں
بند کی ہے مرے ساقی نے پری شیشے میں

میکشو عیش اُٹھالو کہ بہار آخر ہے
جلوۂ مَے ہے چراغِ سحری شیشے میں

خانۂ غم ہوا میخانہ غمِ ساقی میں
مَے نہ سمجھو یہ ہے خونِ جگری شیشے میں

دُختِ رَز پردے کے اندر بھی ستم ڈھاتی ہے
کام کر جاتی ہے جادو نظری شیشے میں

شیشہ و جام میں کیا ہے یہ نہ پوچھو عثماںؔ

بیخودی جام میں ہے بیخبری شیشے میں

قطعہ

ٹوٹا خزاں کا زعم وُرودِ بہار سے
جامہ گلوں کا چاک ہوا تار تار سے

بادِ سحر یہ دیتی ہے مُژدہ گلوں کو آج
صحنِ چمن بھی پُر ہے یہ مشکِ تتار سے

غزل

اُس بزم میں بہار نہ ہو جس میں تُو نہ ہو
جیسے چمن میں گُل نہ ہو غنچے میں بُو نہ ہو

فرشِ زمیں پہ گرتے ہی دی اشک نے صدا
ایسی جگہ نہ جائیے جہاں آبرو نہ ہو

ناصح مرے دماغ میں ہے ایک ہی خیال
جس کی طلب ہے مجھ کو وہی چارسو نہ ہو

اے شیخ بحث کیجیے لیکن ادب کے ساتھ
حضرت سے آپ آپ سے تُم تُم سے تُو نہ ہو

عشاق ہر ایک حال میں یہ بات یاد رکھ
آمادۂ نماز کبھی بے وضو نہ ہو

قطعہ

ہم نے بادہ پیا بہانہ سے ہوکے آزاد قید خانہ سے
کردیا کس نے دل مرا مسرور رنگِ محفل جما فسانہ سے

غزل

دیکھ کے جان کے پہچان کے مارا ہم کو تیغ کے گھاٹ ستمگر نے اُتارا ہم کو
چل دیا چھوڑ کے تنہا جو مُصیبت آئی ہائے دل نے نہ دیا کچھ بھی سہارا ہم کو
زندگانی کے ہیں ایام گزرنے والے سحر و شام یہ کرتے ہیں اشارا ہم کو
دیدہ و دل اسی حسرت میں رہا کرتے ہیں ہو مُیَسر رُخِ جاناں کا نظارا ہم کو

پاسِ طاعت ہے نہ تقویٰ ہے نہ کچھ زہد و ورع
رب کے افضال کا عثماںؔ ہے سہارا ہم کو

قطعہ

گلوں کا رنگ بھی نکھرا سمن سے چلی ہے بوئے نسرین نسترن سے
کلامِ خُوب خُود کہتا ہے عثماںؔ بڑھی ہے شان یہ طرزِ سخن سے

غزل

ساقیا کیوں ہے یہ گردش ترے پیمانوں کو وجد میں لائیں گے کیا عشق کے مستانوں کو
صاف آتی ہے نظر پردۂ فانوس میں شمع بے حجابی کی عبث فکر ہے پروانوں کو
کیا اشارہ نگہِ مست کا پایا تیری چھان ڈالا جو ترے عشق میں ویرانوں کو
آبلے پاؤں میں ہیں جیب و گریباں صد چاک کچھ عجب رنگ میں دیکھا ترے دیوانوں کو

قدسیوں کی یہ صدا آتی ہے پیہم عثماںؔ
عید کا روز ہے مژدہ ہو مسلمانوں کو

قطعہ

چار تنکے رہ گئے ہیں آشیانے کے لئے
برقِ خاطف آہی جائے گی جلانے کیلئے

موسمِ گُل کہتا ہے کس ناز سے پیرِ مغاں
خَمر ہے درکار زاہد کو پلانے کے لئے

غزل

غرق کردے نہ کہیں عشق کا قلزم مجھ کو
پیش آتے ہیں نئے روز تلاطم مجھ کو

چار چُلو سے نہ ہوگی کبھی سیری میری
دے دے اکبار ہی اے پیرِ مغاں خُم مجھ کو

وعدہ جو تم نے کیا تھا نہ رہا یاد تمہیں
چند ہی روز میں یوں بھول گئے تم مجھ کو

ہُوش پہروں نہیں آتا ہے غمِ فرقت میں
بیخودی میری کئے جاتی ہے کیا گُم مجھ کو

حالِ دل کہنے کا تھا قصد مگر اے عثماں
اس کے آگے نہ رہی تابِ تکلّم مجھ کو

قطعہ

سبزۂ نورس چمن میں آج محوِ خواب ہے — خُم میں شیشے میں پیالے میں شرابِ ناب ہے
یاد رکھ تو ہر گھڑی اس درس کو سیکھا جب — معبدوں کے واسطے اسلام میں آداب ہے

غزل

قُلزمِ عشق کا ملتا نہیں ساحل مجھ کو — آشنا بن کے ڈبوتا ہے مرا دل مجھ کو
نہ بہار آتی نہ بڑھتا یہ مرا جوشِ جنوں — فصلِ گل کر گئی پابندِ سلاسل مجھ کو
شمع رُو نے رُخِ روشن سے اُٹھا کر پردہ — مثلِ پروانہ جَلایا سرِ محفل مجھ کو
پنبہ درگوش ہیں سب پھول چمن میں صیاد — شور و فریاد سے کچھ بھی نہیں حاصل مجھ کو

دین کا ہوش نہ دنیا کی خبر ہے عثماںؔ
عشق نے ہائے نہ رکھا کسی قابل مجھ کو

قطعہ

ہر اک کرتا محبت ہے وطن سے
سبھی خوشحال ہیں ملکِ دکن سے
ہر اک جامہ کو کردے گی معطر
شمیمِ گل چلی مشکِ ختن سے

غزل

یہی دل چاہتا ہے سامنے ہر دم یہ منظر ہو
کوئی گردن جھکائے ہو کوئی مائل بہ خنجر ہو

کسی کے حسنِ روز افزوں سے میرا عشق کہتا ہے
ترا کوئی نہ ثانی ہو مرا کوئی نہ ہمسر ہو

ہماری وحشتِ دل رنگ لائے گر قیامت میں
عجب کیا ہے کہ پرزے پرزے بھی دامانِ محشر ہو

بہت دشوار ہے قاصد رقم ہو یار کو نامہ
جو لکھوں شوق کا مضموں تو بڑھ کر اک دفتر ہو

صدائے قلقلِ مینا ہے بزمِ عیش میں عثماں
شرابِ روح پرور سے ترا لبریز ساغر ہو

قطعہ

راز و نیاز ہوتے ہیں ہر خواب گاہ میں
نعرے بھی لگ رہے ہیں ہر اک خانقاہ میں

معلوم کس طرح ہو یہ انساں کو الغرض
دن بھی گزرتے جاتے ہیں شام و پگاہ میں

غزل

رہے آباد اے ساقی ہمیشہ تیرا میخانہ
برائے میکشاں لبریز رہتا ہے یہ پیمانہ

پئے وردِ زبانِ مُتقی و زاہد و عابد
ہمیشہ متّحد رشتے سے ہے تسبیح کا دانہ

یہ کہتے جاتے ہیں پیرِ مُغاں سے رندِ مستی ہیں
شرابِ ناب سے پُر ہو ہمیشہ تیرا میخانہ

علیؑ سے کہتے ہیں سارے فدائی شادماں ہو کر
رہے باقی تری ارضِ نجف میں شانِ شاہانہ

یہ کہتا جاتا ہے شاہِ نجف سے آج عثماںؔ بھی
ہمیشہ جلوہ گر پیشِ جہاں ہو تیرا کاشانہ

قطعہ

کدورت کو دلوں سے ٹالتے ہیں		حسد کو اہل دل کب پالتے ہیں
غنیمت جانتے ہیں وقت کو بھی		قدم اپنا سنبھل کر ڈالتے ہیں

غزل

اس درجہ بے اثر مری آہِ جگر ہوی		اس بے خبر کے دل کو نہ مطلق خبر ہوی
اُلجھن تھی شام سے مجھے مضمونِ زلف کی		کس پیچ کی مہم تھی کہ شب بھر میں سر ہوی
سینچا جو خونِ دل سے عنادل نے عمر بھر		گلشن میں جب تو نشو و نمائے شجر ہوی
پہلو سے بس اُدھر وہ اُٹھے اور اِس طرف		دل ہل گیا وہ شدتِ دردِ جگر ہوی

خاکِ مدینہ آنکھ میں عثماںؔ لگائیں گے
قسمت سے اپنی کاش رسائی اگر ہوی

قطعہ

عجب رنگِ بہاراں دیکھتا ہوں خزاں کو بھی پشیماں دیکھتا ہوں
اندھیرے میں کہاں ہے چادرِ گل عجب گورِ غریباں دیکھتا ہوں

غزل

تمہاری نگہ دل کو بہلا گئی اشاروں میں سمجھا گئی
گریں بجلیاں خرمنِ صبر پر ادائے تبسّم غضب ڈھا گئی
اُٹھا ہو نہ بُلبُل کا دردِ جگر گلستاں میں کیسی گھٹا چھا گئی
عجب آئینہ بن کے چشمِ خیال مجھے صورتِ یار دکھلا گئی

ہرے کیوں نہ عثماںؔ ہوں زخمِ کہن
چمن میں سُنا پھر بہار آ گئی

★★★